JN215017

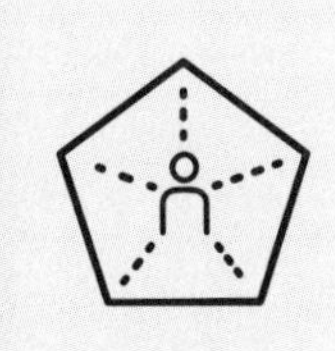

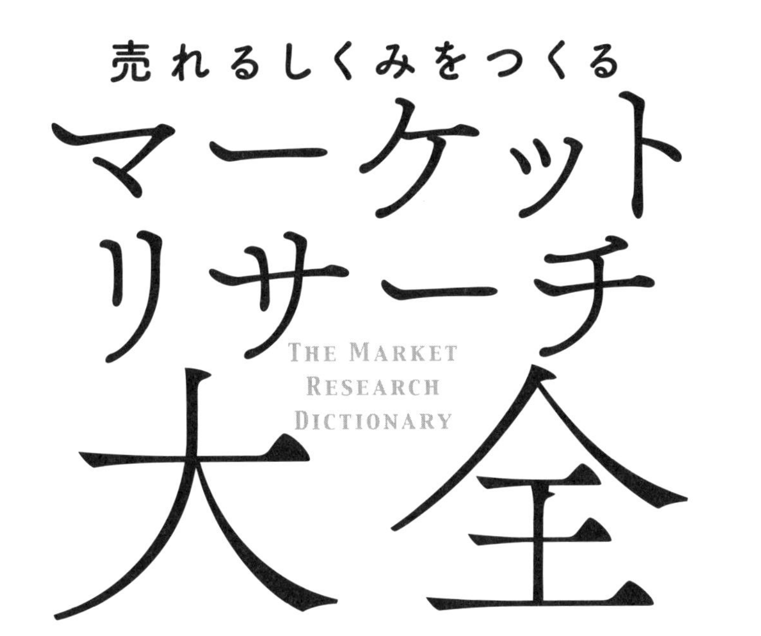

売れるしくみをつくる

マーケットリサーチ大全

THE MARKET RESEARCH DICTIONARY

菅原大介
DAISUKE SUGAWARA

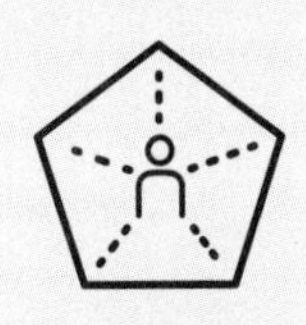

元「マクロミル」リサーチディレクターによる
あらゆる業種・商品に通用するオリジナルリサーチ法

はじめに　～モノを売るためには「リサーチ」が欠かせない！～

武器としてのデータ、持っていますか？

私たちが日々なにげなく使っている「データ」は本当にたくさんあります。

たとえば売上を見るPOSデータ、営業活動の進捗データ、KPI指標、各種のマーケティング指標……。挙げていけばきりがありません。私たちはひと昔前からしたら比べ物にならないほど多くの「データ」と向き合って仕事をしていることに気づきます。

ところで突然ですが、あなたは「武器としてのデータ」をどのくらい持っていますか？

ここでいう**「武器としてのデータ」とは、どんな商品を扱っていても、どんな環境に置かれていても、一瞬で事態を打開できる、形勢を逆転できるデータ**のことです。

たとえば、どうしたら売上減少に歯止めをかけられるか、どうしたらヒットにつながる企画を生み出すことができるか、どうしたらもっと多くのお客様に自社の商品を届けることができるのか、そうした困難な課題を解決するための**「説得力あるデータ」**のことです。

まるでゲームに出てくるめっちゃ強い魔法みたいなやつです。

え、持っていない？

それではこの先の冒険はちょっと不安です。

ビジネスに競争力や独自性がより強く求められる昨今、勝つためのデータや方法論がないと、進路をコントロールすることができません。

とりわけ次のような場合は要注意でしょう。

・売上目標の大半をトップセールスやスゴ腕マーケターに依存している

・月によりセールススタッフの好不調の波が激しく、継続達成者がいない
・当月達成のために次月分の受注を早めに刈り取って間に合わせている

これでは「行き当たりばったり」になってしまい、「継続的に勝ち抜く」ことができません。

では、継続的に勝ち抜くためには何が必要なのでしょうか？

必要なのは、お客様を動かす「武器としてのデータ」です。 どんな商品・サービスにも通用して、どんな劣勢の時にも巻き返せる、説得力と納得感を持った最強のデータ。そういうデータがあったら便利ですよね。

販売データは「売れた結果の数字」でしかない

今はデジタルツールの普及により、誰でも手軽にデータを入手できる時代です。日々蓄積されていくデータベースの情報から、お客様の消費動向（オフラインの購買データ・オンラインのログデータなど）を、ワンクリックでダウンロードできるようになりました。

でもそこにあるのは、あくまでも **「売れた結果の数字」** でしかありません。もちろんそうした数字そのものも大事ではありますが、継続的に勝ち抜いていくためには、単にその数字を追いかけていくだけではだめです。

大事なのは、お客様が「なぜ買ったのか？」「なぜ買うことをやめたのか？」という、お客様の思考パターンや行動パターンを突き止めることにあります。

（今のところ）デジタルツールはこの部分を苦手としています。すべて要件定義してから運用しようと思うと、膨大な準備

が必要になるからです。

　ではお客様の思考パターンや行動パターンを考えないで、うわべの数字だけを見ているとどういうことが起きるでしょうか。

　思い出してみて欲しいのが、毎月の営業会議や企画会議です。

「今月〇〇という目標に対して結果は××でした、申し訳ありません。来月は今月分も巻き返します」という報告がくり返されていませんか。

　問題は、そこにお客様についての話題がないことです。

　残念ながらデータの数字を、"数字"としてしか認識していないと、このような組織運営になっていきます。皆さんの会社でも、少なからず似たようなことが起きているかもしれません。

　もちろん、本来の会議のあり方はそうではありません。内向きの謝罪ではなく、**お客様に喜んでもらうために、具体的に何ができるかを討議するべき**です。

　たとえば、商品別売上データの数字は「お客様の好み」として、不便さを問うクレームコールは「中止のサイン」として、それぞれ議論することができます。

「武器としてのデータ」は、ただの確認用・報告用のデータではなく、「お客様を動かす」データなのです。

データで差別化するために必要なのは「リサーチ力」

　では、「武器としてのデータ」はどのようにすれば手に入るのでしょうか。

　それが本書のテーマである「リサーチ」です。

　すなわち、**あなたのリサーチ力によって「武器としてのデータ」を手に入れる**のです。

本書では、「○○アナリティクス」「○○クラウド」「○○プラットフォーム」といった専門性が問われるデジタルツールは扱わず、その代わり、「武器としてのデータ」を自分の手でつくることに注力します。

そのためには、リサーチ力を身につける必要があります。具体的には、アンケートやインタビュー、データ分析といったスキルのことを指します。

リサーチ力を身につけてさえいれば、どんどんお客様を動かすことができます。

本来リサーチの世界は、プロが何年もかけて学ぶ専門的な領域です。でもご安心を。本書では、ふだんの仕事の中でふつうに使う機会があるリサーチのスキルだけを集めてまとめることにこだわりました。

マーケティングや統計の知識は不問です。この手の本では初歩の定番項目として登場する「ニーズとウォンツの違い」「平均値と中央値の違い」すら出てきません。

本書で扱うスキルは、あなたがふだん目にする情報を変えたり、意識的に調べ方を変えたりするだけで、すぐにお客様理解を深めることができるものばかりです。具体的にやることは、**簡単なアンケート・調べもの・情報の整理と分析だけでOK**です。

本書の特徴

私は、マーケティングリサーチ国内最大手のマクロミル社で調査技術を学び、その後12年間、事業会社のリサーチャーとして数々のプロジェクトを成功に導いてきました。

キャリアの中でも大きな特徴になっているのが、「ゼロイチステージのプロジェクト」との関わりです。具体的には、実店舗とウェブサイトの両方で新規事業の立ち上げを経験し、企画立案と事業責任者も兼務しました。

（残念ながら）私は営業スキルが高いわけではありません。そこで頼れるのはリサーチ力のみ。つまり、**データをつくるのと同時に、「自分でつくったデータが本当に使えるか」問われる立場だった**のです。

だからこそ本書では、全編を通じてスマートなデータの取扱い方は出てきません。私が現場で使い込んできた「自分で足を運んで、自分の目で見て確認する」的な古典的な手法が多めです。その分、私が実践し、使えることを実証してきた、という折り紙付きのものばかりです。

スマートなデータ分析と比べてハードルが低いというわけではありません。ただ、「努力次第でどうにかなる」という範囲のことをお伝えしていきます。

たとえば、店に入ったついでに商品の価格をチェックする、という程度の努力です。

そんな簡単なことで本当に効果があるのかと思われるかもしれませんが、**こうした努力は地道すぎるがゆえにあまり他の人がしていないため、「武器としてのデータ」に化けて大いに差別化できる**というわけです。

それでは実際のビジネスで成果を上げたリサーチ手法を駆使して、あなたも成功事例をたくさんつくっていきましょう！

売れるしくみをつくる
マーケットリサーチ大全
もくじ

Chapter 1 リサーチって何だ！？

01 リサーチの基本

02 どんなビジネスでも欠かせない！ 4つの調査手法

03 企画時点で一歩抜きん出る！ 4つの調査テーマ

02 お客様の好みを見極める！情報メディアツール

03 お客様イメージの宝庫！雑誌の超活用法

04 リアリティのあるお客様のペルソナのつくり方

Chapter 3 マーケットトレンドのリサーチ

01 競合企業に強くなる！ライバル企業チェックリスト

02 売れる理由が即わかる！初心者がマークすべき店

03 売れる法則を完コピ！売れ筋商品ウォッチング術

04 流行に強くなる！消費トレンド検索ツール

05 マーケットデータを整理・分析するフレームワーク

Chapter 4 新規のお客様を獲得するリサーチ

Chapter 5 リニューアルを成功させるリサーチ

カバーデザイン　大場君人
本文デザイン・イラスト　石山沙蘭

Chapter 1

リサーチって何だ!?

Chapter 1

01 リサーチの基本

Introduction

リサーチは「やろう」と思えば誰にでもできます。実際、アンケート・インタビューなどの業務は仕事の中で自然と出てくるものです。

ただし、何も知識・経験がないと使えないデータをつくってしまったり、そもそも調査の企画で行き詰まる原因になります。

一方で、リサーチは極めようとするとすごく奥が深い、職人の世界でもあります。

アンケート（定量調査）ひとつを取っても、実査・集計・分析の各工程があり、調査会社ではそれぞれに専門家がいるくらいです。

このように、**リサーチはビギナーからプロまでが使う技術でありながら、知識差・経験差がとても大きい業務**です。

では、ビジネスで程よく使えるリサーチとはどんなものでしょうか？

本節では、その心がまえを「リサーチの基本」としてまとめます。

リサーチとは「勝てるポイント」を見つけること

売れない理由は山ほど見つかる

あなたの担当商品は好調ですか？　それとも不調ですか？
もし不調の場合、その理由は何でしょうか？

「目玉商品を仕入れられなかったから」
「客足が鈍っているから」
「時期的に買い控えが起きているから」
「競合他社の広告宣伝が強力だから」

このように、売れない理由は山ほど見つかるもの。そして、たいていその理由はどれももっともなものです。この状況に対して、何も打つ手はないのでしょうか？
もちろんそうではありません。「成功事例の収集」や「新規企画の立案」は、皆さんも既に行っているはず。
こうした取り組みがお客様にヒットすれば、何回でも実施したくなりますし、いつまでも使い回したくなります。

もし成功事例や新規企画を組織的に量産できるようになれば、売れない状態から確実に抜け出せるはず。そのために使う技術が「リサーチ」です。

勝てるポイントを“意識的に”見つける

「マーケティング」の定義は、いろいろな入門書を見ていると、「売れるようにすること」とあります。すなわち「モノを売るためのしくみをつくり、成果を上げること」です。
それでは、「リサーチ」の定義とは何でしょうか？　私は**「勝てるポイントを見つけること」**だと思っています。
現状は圧倒的に負けていて、誰もここから挽回できるとは思っていない状況。でもそんな状況下でも、どこかに勝てる要素があるかもしれない。

その希望を頼りに、アンケートをはじめとする技術で、**勝てるポイントを“意識的に”見つけていくのがリサーチの仕事です。**

成功事例や新規企画は、営業日報やブレストの中から偶然発見されるかもしれません。でも、毎度偶然を待つのは極めて非効率です。

そんな時に「リサーチ力」があると、成功事例の収集や新規企画の立案に弾みがつきます。データや方法論で成功までの道筋を可視化・言語化でき、しっかりとスタッフに浸透しやすくなるからです。

売れる第一歩は「自信」から はじまる

不思議なもので、勝てるポイントがわかっていると、スタッフの方から自発的に、「これは売れそう」「もっと売っていこう」という雰囲気に変わっていきます。

データや方法論に成功の兆しが見えていると、自信がみなぎってきます。その自信が、「やってみよう！」という行動につながっていきます。

なぜなら、その「データ」に「勝てそう」と感じさせる根拠があるからです。

小さな自信からもたらされるこの小さな行動は、やがて、本当の売上や成果につながっていきます。

勝てるポイントを見つけるリサーチ力は、まったく侮れないのです。

「良いリサーチ」と「悪いリサーチ」

ストーリーを描けるか？

リサーチとは「勝てるポイントを見つけること」というお話をしました。では、「勝てそうであれば何でもいいか」というと、そうではありません。

世の中には「良いリサーチ」と「悪いリサーチ」が存在します。

良いリサーチは、データからストーリーが見えたり、ブランディングにつながるといった特性があります。アプローチしたいテーマに対して、リサーチする対象・リサーチする内容が合っていて、見る人に納得感があるのです。

ここで、良いリサーチの「基準」を紹介しましょう。

TEDにおける下記のセッションでは、世界50カ国・264戸の家庭にカメラマンを送り込み、それぞれの家庭でまったく同じモノの写真を撮って比較する研究成果が発表されています。

比較対象となっているモノは、ベッド・トイレなど日常的な設備・道具が中心。収集したデータの分析結果は、世帯収入軸のバーの移動によって該当する家庭の写真が表示されるしくみになっています。

https://www.ted.com/talks/anna_rosling_ronnlund_see_how_the_rest_of_the_world_lives_organized_by_income

◆TEDTALK
アンナ・ロスリング・ロンランド
「世帯収入ごとの世界の暮らしを覗いてみよう」

スピーカーのアンナ・ロスリング・ロンランド氏がこのリサーチを通じて伝えているのは、メディアが見せる写真には様々なバイアスがあるということです。

動画の前半は、先進国で暮らす学生の中流意識が世界的にはかなり裕福な分類にあるというギャップが、後半は一転して、貧富の差はあっても共通しているものは多いという事実が明かされます。

この写真調査の手法は、調査の分類でいうと極めて地味です。でも、**アプローチしたいテーマに対して、リサーチする対象・リサーチする内容が合っている**ことがよくわかりますよね。これが「良いリサーチ」です。

なぜ「悪いリサーチ」が普及するのか

これに対して悪いリサーチは、「独善的な情報操作」になっていることが特徴です。たとえば、テーマへのアプローチを強めたいあまりひどく誘導的な質問をしたり、意図的に選択肢を少なくしている場合が該当します。仮に、それと気づかず調査を実施していても、最悪は情報の発信元としての信用を失ってしまいます。

もっとも、担当者も悪気があってそうしているわけではなく、リサーチの技術を学ぶ機会がない、指導できる人がいない、外部機関のチェックを受けられないなどの事情で、ミスが出るケースが多いように感じます。

しかし、そんな組織の事情は関係なく、見る人には違和感しかないデータになってしまうため、本書では調査の技術要件を詳述することはできないものの、最低限の知識と技術は身につけたうえで、高速でトライ＆エラーを重ねながら精度を上げていくことを推奨します。

「まずはやってみる」＋「勝てる方法で」

リサーチャーはあなた自身！

ここまでのところで、リサーチの必要性はだいぶわかってきたと思います。

でも、肝心の「リサーチの担当者がいない」事態がきっと多いことでしょう。社内に「担当者がいない」という組織体制のために、調査をやりたくても実施できていない、という企業はけっこうあります。

そんな時は頭を切り替えて、あなたがやってしまいましょう！

リサーチャーとは、突き詰めると**「お客様ニーズを把握する人」**です。この観点からは、自分の担当分野をいち早く改善したい人が、そのままリサーチを担当するのが一番理に適っています。

リサーチの仕事は、計画から報告までの時間があまりに長いと、必要性が薄まったり、最悪はそもそもの必要性がなくなったりします。

早すぎず、遅すぎず、ジャストインタイムで最適なデータが必要になります。スピーディーに動くという意味でも、自分自身がやるのが一番なのです。

本書ではこののち、基本的なリサーチの技法、整理・分析のためのフレームワークなどを通じて、リサーチのやり方を伝授していきます。

ひとりで取り組んでもブレないよう、本書で調査方法や分析方法を身につけて臨みましょう。

企画力・分析力＝「お客様理解」＋「マーケット理解」

身につけるべき企画力・分析力とは？

リサーチをするうえで大事になるスキルに、「企画力」と「分析力」があります。

企画力とは「何を調査するか？」を見極める力、分析力とは「どう考察するか？」を見定める力です。

リサーチの世界にはいろいろな企画・分析の手法がありますが、その中でも、私たちが身につけたいのは、「お客様理解＋マーケット理解」につながるものです。ここから外れた企画や分析は「ビジネスでは役に立たない」という評価に終わります。

たとえば、次のような標語に見覚えはないでしょうか。

- **「ライフスタイルを豊かに」**
- **「暮らしにいいものを」**
- **「毎日がより便利になる」**

これらの言葉は、食品スーパーでも、ネット通販サイトでも、習い事スクールでも、クレジットカード会社でも、日々使われている標語です。

でも、そもそも「ライフスタイルとは？」「暮らしとは？」「毎日って…？」といったように、「具体的に何なの？」と問われると、その「何」がわかりません。

気をつけたいのは、こうした表層的な言葉を使っていると、そのまま表層的な事業内容になっていくことです。従業員もお客様もイメージできないものは役に立ちません。

リサーチはこうした標語の中身に当たる部分を捉えていくことを得意とします。

多様な観点からお客様理解・マーケット理解を深め、標語の中身を立体的に捉えることを可能にするのです。

Chapter 1

02 どんなビジネスでも欠かせない! 4つの調査手法

Introduction

マーケティングリサーチャー ➜定量調査・定性調査の手法で市場調査を行う人
データサイエンティスト ➜ ビッグデータの統計解析を行う人
デジタルマーケター ➜ウェブツール（Google アナリティクスなど）の運用を行う人
UX リサーチャー➜ サイトやアプリの使い勝手を検証する人

どんなビジネスでも欠かせない調査スキルを身につける

ひと言で「リサーチの仕事」といっても、イメージする内容は人によって大きく異なります。

主には「アンケート」と「インタビュー」が挙げられますが、近年ではデータ分析を行う仕事が多様化しており、右上に示したように多岐にわたっています。

これらはいずれも専門職種ですが、現実にはいずれかの技能だけで事足りるということはありません。大事なのは、職務でスキルの必要性を切り分けせず、現場で使うスキルの「全体」を理解することです。そこで本節では、どんなビジネスでも欠かせない4つの調査手法（調査スキル）を見ていきます。

①アンケート

「ウェブアンケートツール」がアンケートの主流に

ビジネスに欠かせない4つの調査手法、1つめは「アンケート」です。

アンケートは、紙の調査票に回答を記入してもらったり、インターネット上のアンケートフォームに回答してもらう手法です。

近年はウェブアンケートが主流になり、紙のアンケートが使用される機会は限定的になってきました。

皆さんの日業業務においても、イベントの申込み・飲み会の出欠連絡など、簡単なアンケートはGoogleのアンケート機能を使うことが多いのではないでしょうか。

この機能は「Googleフォーム」といい、無料で使えるウェブアンケートツール（DIYツール）の代表格です。

本書ではこののち、アンケートデータをベースにしてつくるフレームワークをいくつもご紹介します。

アンケートは準備と分析に力を入れた分だけ得られるものも大きい調査手法なので、本書で活用の仕方を学んでいきましょう。

②インタビュー

自社で行う時のねらいめは、2人1組のペアインタビュー

ビジネスに欠かせない4つの調査手法、2つめは「インタビュー」です。

インタビューはユーザーに対面方式で直接聴く方法です。

アンケートが「定量調査」と呼ばれるのに対して、イン**タビューは「定性調査」**と呼ばれ、お客様の声を直にヒアリングすることで、お客様の生の声を集めたり、内なる声を引き出そうとする時に使われます。

主な実施形式としては、モニターユーザー（お客様）を募り、1人にゆっくり時間をかけて尋ねる**デプスインタビュー**、6～8人ほど集めてグループで話をしてもらう**グループインタビュー**があります。

企業が調査会社に発注する場合には、グループインタビューが人気です。回答者の顔を見ながら一度にたくさんの意見を聴くことができ、自社の商品・サービスの印象把握や改善のポイントを集められるからです。

ただ、実施費用は（規模感にもよりますが）通常のアンケートの数倍。市場調査が本格的に事業サイクルの中に組み込まれていない企業では発注するハードルは高めです。

そのためか、最近ではアンケートだけでなくインタビューも内製型で実施する企業が増えてきました。

しかし既存のインタビュー形式を内製型で行おうとすると、少なからず苦労します。

デプスインタビューでは、相手の性格によっては話が進まなかったり、記憶があいまいになっていたりする難しさがありますし、グループインタビューでは、人数が多い分話す人と話さない人が出てきて、進行とメモの両立が難しくなります。進行技術に優れたスタッフがいないと、思いのほか苦戦します。

自社でインタビューを実施する時におすすめしたい形式が**ペアインタビュー**です。友人・家族・夫婦・恋人など、2人1組で連れだって聴く形式です。

ペアインタビューの主だったメリットは下の通りです。

ペアインタビューには、既存の実施形式の中間的なメリットがあり、ちょうどいいサイズ感で実施できます。

もちろんテーマによってはペアインタビューが不向きな場合もあります。センシティブなテーマでは、身近すぎる同伴者を意識してしまうことが想定されるのであまり機能しません。使いどころを検討しながら、取り入れてみてください。

- **2人のため実施日程の調整がつきやすい**
- **お互い知っているもの同士なので、話が相乗的に盛り上がりやすい**
- **聴く場への安心感が高いので、積極的に自己開示をしてくれる**

③デスクリサーチ

データの活用度合いを上げる事前・事後の動き

ビジネスに欠かせない4つの調査手法、3つめは以下の総称にあたる「デスクリサーチ」です。

- インターネットでテーマ情報を検索する
- テーマ関連の新聞・雑誌・書籍を読む
- 業界年鑑・産業白書のデータを見る

リサーチの世界に接していないとあまり聞き慣れない言葉かもしれません。「かっこいい響きだけど、要はふつうの情報収集でしょ？」という印象もごもっとも。

でも、私はデスクリサーチを**アンケート・インタビューと同じレベルで大切な調査手法**と位置づけています。

たとえば競合調査を行う場合。通常のリサーチャーの業務範囲では、アンケートから読み取れる競合企業の特徴をまとめられればOKです。しかし実際のビジネスシーンでは、競合サイトの認知度・支持率がデータとしてまとまっていても、あまり動きようがありません。

そこで、デスクリサーチの出番です。

競合企業の決算説明会資料を見たり、業界の有識者へキキコミを行います。すると、認知度が高いのは積極的な広告投資方針があるからだったり、そのわりに支持率が低いのはカスタマー対応が間に合っていないことが原因だったりと、アンケートデータの「背景」がいろいろ見えてきます。

「リサーチをする」というと、すぐにアンケート・インタビューの話になりがちですが、むしろ事前・事後のデスクリサーチこそ重要で、この時にどれだけ情報収集できるかがデータの活用度合いを決めるのです。

④フィールドワーク

自分の足で稼いだ情報に勝るエビデンスなし

ビジネスに欠かせない4つの調査手法、4つめは「フィールドワーク」です。

フィールドワークは各エリア（現場）に出向いて、商品・店舗・施設・駅・街・鉄道・生活道路などを見て回る手法です。平たくいうと**「街歩き」**です。

この手法は、タモリが各地を散策するNHKの人気番組『ブラタモリ』に似ています。『ブラタモリ』は、歴史や地形を意識しながら街中を探索することにより、ふだん見慣れている風景の中に眠っている情報を見つける構成になっています。

フィールドワークのあり方もまったく同様で、**意識して物事を見ることで、たくさんの気づきを得ることができます。**

担当する商材によって見るべきポイントはそれぞれに異なってきますが、私の例をひとつだけ紹介させてください。

仕事でセレクトショップを立ち上げる時、ショップデザインの中でも床材のイメージだけがどうしても固まりませんでした。デザイン事務所がつくるパース（完成形イメージの図面）と、工務店がつくるサンプル板とのあいだにずいぶんと差があったのです。

デベロッパーへの図面提出期限が差し迫り、このままではらちが明かないと感じた私は、会社近くの渋谷・表参道エリアのあらゆる物販ショップの床を見て回りました。

店に入っては床材だけを見て、また別の店に入っては床材だけを見て……という作業をくり返し、何十軒目かにやっと元のパースに合った床を見つけることができました。

このケースを振り返ると、雑貨店の床自体はふだんから私の視界に入っています。でも、どんなタイプの店にどんな床材が適しているのか？ということは、ふだんなにげなくお店に入っていても気づいていません。きちんと対象に意識を向けているからこそ、イメージと合致するものを見つけることができるのです。

また、自分の目で見ているからこそ、パースとサンプルの違いに対して自信を持って意見することができました。

こういう**実感のこもった現場認識は、フィールドワークの手法ならではの情報**です。

仮にあなたのビジネスがウェブ中心である場合でも、リアルの現場がどんな姿をしているのか、折に触れて外に出て情報収集してみることをおすすめします。

Chapter 1

03 企画時点で一歩抜きん出る！ 4つの調査テーマ

Introduction

調査テーマを特定できれば、核となる質問も確定する

初めて取り組むテーマでアンケートを企画する時、うまく質問を整理できずモヤモヤすることってありますよね。ウェブ上に類似調査があればそれを参照することができますが、そもそも自分の中に質問の流れをつくる判断基準がないのは不安なものです。

こういう時、リサーチャーはどのようにして質問を準備しているのでしょうか。

そもそもアンケートには、「調査テーマ」というものが存在します。

ここでいう調査テーマとは、アンケートタイトルになりそうなジャンル・カテゴリを冠したテーマ（「化粧品に関する調査」「スマホに関する調査」など）とは異なり、**調査としての目的に沿ったテーマ**です。

たとえば、「満足度調査」は、皆さんもよく知っている「調査テーマ」です。

質問構成はシンプルに、総合的な満足度、個別トピックの満足度を数段階の評価尺度から選ん

でもらい、最後に自由回答でひと言書いてもらう、という一連の流れが自然に出来上がります。

つまり、調査テーマを特定できれば、自ずと尋ねるべき質問が決まってきます。

そして、調査テーマのパターンをあらかじめいくつかストックしておければ、ビジネス課題に対してどの調査テーマが適切かを考えるだけなので、リサーチの企画はぐっと早く・良くなります。

本格的なリサーチの調査テーマはかなり細かく分かれていますが、本節では、4つの代表的なテーマを紹介します。

①商品・サービスの満足度調査
②ブランドイメージ調査
③コンセプト調査
④広告効果測定

モノ・コトの消費を促進するタイプのビジネスにおいては、だいたいこのテーマを押さえていれば通用します。早速見ていきましょう。

①商品・サービスの満足度調査　～商品・サービスの利用満足度を尋ねる調査

満足度調査 A

満足度（単一回答）
<自社の商品・サービスの利用者>

Q （自社の商品・サービス）に対する評価をお選びください。

- ○ 大変満足
- ○ 満足
- ○ どちらともいえない
- ○ 不満
- ○ 大変不満

※選択肢は対の関係になる表記にする。「意外と良い」「いまひとつ」のように、選択肢に設計者の心情を込める表記や、周りの選択肢とバランスが取れない表記は避けること（評価尺度で回答させるメリットを失うため）。

満足度調査 B

NPS：推奨意向度（単一回答）
<自社の商品・サービスの利用者>

Q （自社の商品・サービス）を親しい友人や家族におすすめする可能性は、どれくらいありますか。
10点（強くおすすめできる）～0点（絶対おすすめしない）でお答えください。

- ○ 10点
- ○ 9点
- ○ 8点
- ○ 7点
- ○ 6点
- ○ 5点
- ○ 4点
- ○ 3点
- ○ 2点
- ○ 1点
- ○ 0点

「満足度」は古典的だからこそまだまだ使える！

企画力を高める調査テーマ、１つめは「商品・サービスの満足度調査」です。商品・サービスの利用評価ではもちろん、イベント参加者アンケート、会社の従業員アンケートでも使われている、最も実施機会が多い調査テーマの１つです。

アンケート質問では、「大変満足～大変不満」の評価尺度の選択肢を並べ、「自社の商品・サービスに対する評価をお選びください」と、商品・サービスの満足度合いを単一回答で尋ねます。

データを活用するシーンでは、ポジティブな回答である「大変満足」と「満足」を合わせて、「利用者満足度：○%」のような形で使用します。

と、このように説明するのが不要なほどメジャーな調査テーマであり、むしろ調査のトレンドを知っている方は「満足度？古くない？ 今はNPSでしょ」と思うかもしれません（NPSは「推奨意向度」を表す指標で、のちほど詳述します）。

しかし、あえて言わせてください。商品・サービスの総合評価を尋ねる指標は「満足度」が基本です。

満足度は古典的な指標だからこそ、良い面がいくつもあるからです。

まず、回答者がこの評価形式をよく理解しています。人生経験を通じて５段階なり４段階なりの尺度から選ぶことに慣れているので、「このテーマであればこう評価をつける」という概ね適切な判断が可能です。

次に、アンケートに関わる社内のメンバーもこの評価形式をよく知っているので、結果の良い・悪いの基準を直感的に理解することができます。それゆえに、サイトのページやパンフレットに記載される「満足度○%」が高いスコアならば、社内の誰が見ても誇りになります。

指標がメジャーだからこそ、このスムーズなイメージ伝達が可能なのです。

NPSの場合、「NPSとは何か？」という説明から入って、さらに間接的な関係者も適切な評価観点を知っている必要があります。企業としてNPSをKPI（重要目標達成指標）に定めて本腰を入れて取り組むのでなければ、満足度の方が無難でしょう。

満足度評価は何段階が適正か？

満足度調査の設計時に私が周りからよく聞かれるのが、「選択肢は何段階が適切か？」という質問です。たいていは5段階か4段階かの判断で迷っているところで問い合わせを受けます。

実は調査業界の中でもあまり明確な基準はありません。「過去調査の設計を踏襲して現在に至る」ケースが多いようです。

ここは現場経験値をもとに1件1件判断するしかないのですが、私の経験に照らして考えると次の通りになります。

まず、満足度調査は5段階評価が基本です。

回答者の状態に適した選択肢を用意することがアンケートの原則であることを考えると、中間の選択肢がある方が選びやすいといえます。

次に、4段階評価にする場合。

日本人の国民性として、中間の選択肢「どちらともいえない」に回答が集まりがちなことはアンケートをしない人にもよく知られるところで、私が相談を受ける時にも、中間の選択肢を置かず4段階でやりたい、という声を多く聞きます。

確実にどちらかに寄った回答を見たいという場合は、4段階でOKです。ただ、こういう時ほど質問内容が答えにくいものだったりするので（笑）、質問文か選択肢に、「どちらかといえばどう思うか」という趣旨を盛り込むと良いでしょう。

NPSとは何か？どう活用できるか？

一方で最近、同じタイプの調査として増えてきているのが、本項冒頭でも登場した「NPS」です。

NPS（Net Promoter Score：ネットプロモータースコア）は、0点〜10点の11段階でサービスの「推奨意向」を尋ねる調査手法になり、質問文をよく見ると「あなたは満足できたか」ではなく「誰かにすすめようと思うか」になっています。

「大切な人にすすめたくなる状態」は、「自分が満足するだけの状態」よりも顧客ロイヤルティが高いという研究結果が広がり、満足度よりも「使えるデータ」として注目されています。

NPSのデータは、推奨者：10点〜9点、中立者：8点〜7点、批判者：6点〜0点、といった具合に分類し、推奨者の割合から批判者の割合を引いた値を「NPSのスコア」として算出します。

今や携帯電話のキャリアショップからファストフード店までがNPSを採用しており、そのうえビジネスセミナーの参加者アンケートでも、この評価形式が急増しています。

しかし個人的にはこの雪崩を打ったようにNPSに傾倒する流れに疑問を持っています。

というのも、NPSの趣旨を理解せずに、「満足度評価より推奨意向度の方が万全らしい」「流行っていてよく見かけるようになったからやっている」という企業が出てきていて、アンケート内容を見るとそれが一目瞭然なのです。

NPS を正しく機能させるための3つの要件

NPS を正しく機能させるためには、次の3つの要件が必要です。

a.回答者にサービス内容が浸透していること

そもそもよく知らないものについては評価のしようがありません。サービスへの関わりが浅いのに急に「(大切な家族の人に)推奨したいか」を問われても戸惑います。

たとえば家電量販店で様々な接客を受けたうえでスマホの機種を購入したとします。この場合は店のことを推奨したいかどうかは答えられます。来店は1回のみでも判断できるからです。

でも、携帯電話のキャリアショップにクレジットカードの番号変更で立ち寄っただけだったらどうでしょう。同じ質問をされても、別に推奨したくなるような出来事ではないですし、そもそも同じエリアで家族と同居でもしていなければその店をすすめる可能性はほとんどありません。そんな状態で回答されるNPSの結果は信用できるものでしょうか。

この例と同じように、NPSは回答者にとって唐突な質問になってしまうアンケートが多いので、実施する際には回答者にサービス内容が浸透しているステージになっていることをあらかじめ確認しましょう。

b.回収サンプル数がある程度集まること

アンケートは選択肢の数が多いほど回答傾向がばらつきます。

NPSは0点から10点まで広い尺度の中から選択してもらうことで推奨者・批判者を見極めることがねらいなのですが、回収サンプル数が少ないと、単に

「回答が割れている」だけの状態になってしまいます。

サンプル調査として成立させるには回答のレベルが11段階に分かれても全体の安定を保てる回収数であることが求められます。

選択肢が多いと回答が面倒になってしまうのはNPSも例外ではありません。回答者は流行の指標かどうかはくみ取りませんので、「やたら選択肢が多い」と評価形式自体に戸惑うユーザーもいます。

そのため、NPSの調査を内製で実施する場合は、相応の回収母数が必要になることを見越して配信母数を確保しておくと良いでしょう。

c.ある程度ポジティブアンサーを見込めるサービス状況であること

NPSでは、推奨者の割合から批判者の割合を引いて求まる値がマイナスになることが珍しくありません。8点〜7点の回答者は中立者とする厳しめの定義なので、推奨者がほとんどおらず批判者で埋め尽くされる全面マイナス状態になることもあります。

マイナスの数字だけを見ると不安になるので、大企業では代理店から業界別のNPS平均値を取り寄せて「業界平均もマイナスだし、自社よりももっと低い値だから悪くない」と胸をなでおろすこともあるようです。

しかし、自社より低い指標を探し求めるのは非常にナンセンスです。業界平均値を知って比較することはもちろん大切ですが、それ以前に「推奨したくなるサービス運営にトライできているか」が真に大事なことです。

満足度であれば自社より低い指標を探す企業はたぶんないのですが、このあたりが新しい指標としてのNPSの活用課題です。

②ブランドイメージ調査　～自社ブランドがどんなイメージで認識されているかを尋ねる調査

ブランドイメージ調査

ブランドイメージ（複数回答）

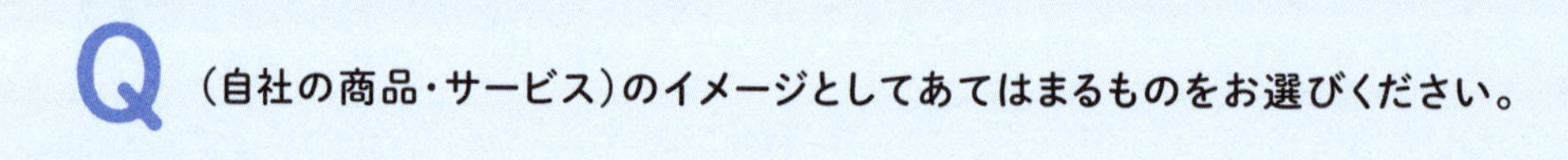

Q （自社の商品・サービス）のイメージとしてあてはまるものをお選びください。

- □ イメージA
- □ イメージB
- □ イメージC
- □ イメージD
- □ その他
- □ 特にない

※質問文中の「商品・サービス」の箇所は、適宜、店舗・サイト・会社に置き換える。
※他社のイメージを知る時は、質問を変えて同じ形式で尋ねる。
　＝Q1：自社イメージ、Q2：A社イメージ、Q3：B社イメージ…

認知度・利用率で負けていても、「連想イメージ」の差で勝てばいい

企画力を高める調査テーマ、2つめは「ブランドイメージ調査」です。

「ブランドイメージ」というと、どんな印象を持つでしょうか？

一般的にブランド※といえば、クルマやバッグ、腕時計のような高級嗜好品が想起され、いわゆる「ブランドもの」が出てきます。この理解はもちろん正しくて、高級品・高品質なサービスを展開する企業は、自社のブランドイメージをとても大事にしています。

事実、ブランドイメージを大事にしている企業は市場調査にも力を入れており、自社のブランドイメージが消費者にどう捉えられているか、定期的にアンケートでスコアをチェックしています。こうした努力を脈々と続けることでイメージの劣化を防いでいるのです。

でも、ブランドイメージが大切なのは、「ブランドもの」を展開している企業だけではありません。安さがウリの量販店・飲食店は「安い」ことが自分たちのアイデンティティであり、「安さ」をブランドとして守り育てていくことが大事です。

また、ブランドというと長期的に消費者とのあいだに関係性を紡いでいく原則から、語れる歴史が数年しかないスタートアップのサービスでは「測定にはまだ早い」あるいは「大企業ではないから」と思うかもしれません。

しかし、アーリーステージでもブランドイメージ調査は力を発揮します。

※マーケティング用語としての「ブランド」は、飲料メーカーなら飲料名（商品ブランド）、ウェブサービスならアプリ名（サービスブランド）を指して使いますが、ちょっとややこしいので、本項で述べる「ブランド」は、読者の皆さんが一般的に想起しやすい、概念（アイデンティティ）としての意味で使います。

というのは、新規参入・後発参入の段階では、ライバル企業に対して認知度・利用率で圧倒的に負けています。「絶対勝てない」と嘆きながら形勢の逆転を目指していくもの。

そういう時には、「消費者から連想されているイメージ」を「自分たちに期待されている役割」として受け取り、それをうまくデータとして使って勝ちに行けば良いのです。

この場合、「イメージ」は評価が決している「実態」とは異なり、「自分たちのブランド・サービスがどんなポテンシャルを持っているのか」を知る手がかりになります。

選択肢を洗練させていく 3つのステップ

市場調査におけるブランドイメージ調査は、本来かなりの質問数を重ねて実施するのですが、本項では基本の1問に絞って、ポイントをお伝えしていきます。

アンケート質問では、イメージの選択肢を並べて、「○○○（自社の商品・サービス）のイメージとしてあてはまるものをお選びください」と尋ねます。一般的には選択肢に形容詞を並べて、「華やかな」「新しい」などのワードの中から自社のイメージを確認していきます。

ただ、この選択肢のラインナップだと、勝てるポイントが見つかる可能性は極めて低いです。プロダクトデザインやビジュアルアイデンティティをまとめていく際には良いのですが、事業活動そのものに役立てようとすると、パワー不足になってしまいます。

ずばり、ブランドイメージ調査を成功させるポイントは、あらかじめ選択肢の精度を上げておくことにあります。

次の通り、3つのステップにコツをまとめたので、これを参考に設計を進めてみてください。

①ベースとなる選択肢を収集する

まず、自社と同じジャンル・カテゴリ（業界・業種）の調査結果をインターネット上で探し、「品揃えが豊富」「配送が早い」のような、消費者から評価の対象となっている項目を20個程度を目安にピックアップしていきます。これがベースとなる選択肢群です。

②自社らしさがある選択肢を追加する

次に、営業メンバー・販売メンバーからどんな軸で自社の商品・サービスが比較されているのかをヒアリングします。現場で使われている細かいニュアンスの言葉は参考になることが多く、この中から自社らしさが感じられるものを選択肢に追加します。

③強いキーワードをマークする

最後に、151ページに出てくる「ライバル企業チェックリスト：②メタタグ」の項で解説する方法で、他社サイトに設定されているキーワードを洗い出し、自社の業界で焦点になっている強いキーワードをマークし、選択肢表記全体を調整していきます。

競合とのイメージ比較により、「勝っているイメージ」を見つける

分析は他社データとの比較をメインに行います。

アンケートの結果データは、そのままだと質問単位で個社ごとのデータ形式（A社・B社・C社…）になっていますが、分析では選択肢の項目ごとのデータ形式（項目A・項目B・項目C…）に編集し直します。

すなわち、「配送が早い」という項目について、A社・B社・C社の差異を見比べていきます。項目別に編集し直すことで、競合との差異がどれくらいあるのかが視覚的にわかりやすくなります。

こうして見ていくことで、仮にメインの項目で競合に勝てていなくても、サブの項目で勝っている要素があれば、そこが差別化を図る強力な営業材料になります。

ちなみにアウトプットのグラフタイプは、長い項目名を入れることができて、小さな差異を確認しやすい、横棒グラフがおすすめです。

③コンセプト調査　～サービスや会社のコンセプト・ビジョンへの評価を尋ねる調査

コンセプト調査 A

コンセプト評価：要素別評価（単一回答）

Q 以下に続く（商品・サービス）のコンセプトをまとめた文章をご覧いただき、下線部分の特徴にどの程度魅力を感じたか、それぞれお選びください。また、このコンセプトへの総合評価もあわせてお選びください。

コンセプト文

□□□□□□□□□□□□□
□□□□□□□□□□□□□
□□□□□□□□□□□□□
□□□□□□□□□□□□□

評価尺度の選択肢（5段階の場合）

◯ とても魅力的である
◯ 魅力的である
◯ どちらともいえない
◯ 魅力的ではない
◯ まったく魅力的ではない

●「現行のサービス」もしくは「今後展開を検討しているサービス」の特徴をコンセプト文にまとめて提示する。
●コンセプト文を構成する各特徴部分に下線を引き、下線部を対象評価の選択肢として、6～8個を目安に選択肢を構成する。

コンセプト調査 B

コンセプト評価：対比式評価（単一回答+自由回答）

Q 以下に続くサービスのコンセプトをまとめた文章を2つご覧いただき、どちらが魅力的かを教えてください。また、魅力的だと思った理由も教えてください。
※仮にどちらか迷う場合もどちらかといえばという観点でお答えください。

コンセプト文 A

□□□□□□□□□□□□□

□□□□□□□□□□□□□

コンセプト文 B

□□□□□□□□□□□□□

□□□□□□□□□□□□□

選択肢

○ Aが魅力的

○ Bが魅力的

魅力的だと思った理由　自由回答

●全体で3～4案くらい提示して、1問で1案ずつ尋ねるケースも多い。

ターゲット層にコンセプトを客観的・中立的に評価してもらう手法

企画力を高める調査テーマ、3つめは「コンセプト調査」です。

「自社のコンセプトがお客様にどのように受け止められているか？」

これは企業として最も気になることのひとつです。対象となるものが商品でもサービスでも、店舗でもサイトでも会社でも、お客様にコンセプトが理解されているか？、受け容れられているか？ということを知ることは、事業の普及にあたり欠かせません。

この疑問を解消すべく、調査会社ではよく「コンセプト調査」が行われます。ここでいう「コンセプト」の概念は幅広く、テーマ・ビジョン・スローガン・キャッチコピー・ビジュアルアイデンティティなど、多種多様な概念が調査対象になります。

コンセプトは情緒的な面が強い分、評価者は客観的・中立的な立場であることが望ましく、それゆえにアンケート形式での評価測定が適しています。すなわち、ターゲット層にコンセプトを評価してもらい、その結果を通じてコンセプトの出来をチェックするのです。

この調査を自在に仕掛けられると、事業全体の方向性を間違えることがなく、また、どの部分が全体に対して寄与しているのかもわかるので、企画を組み立てやすくなります。

調査方法にはいく通りかのパターンがありますが、「要素別評価」と「対比式評価」の2つを押さえておきましょう。つくり方は次の通りです。

要素別評価：
コンセプトの構成要素ごとに支持・不支持のレベルを見極める

「要素別評価」は、コンセプトの構成要素別に、支持・不支持のレベルを見極める方法です。

はじめに質問文の下準備を行います。現在のコンセプト（もしくは検討中のコンセプト）を文章形式で用意したら、コンセプト文の中でもキーとなる部分を6～8個程度を目安にピックアップします。ピックアップした各特徴部分には下線を引いておきます。

アンケート質問では、評価尺度の選択肢（「とても魅力的である～まったく魅力的ではない」）を並べて、「下線部の各特徴に対して、どの程度魅力を感じたか5段階でお選びください」と尋ねます。また、コンセプト文全体を通じた総合評価も最後に尋ねます。

質問のキモは、コンセプトの構成要素のつくり方です。この調査テーマでは、もともとの商品・サービスの特徴が薄いと、回答結果も連動して薄い内容のものになってしまうことがあります。これではせっかくの調査が台無しですよね。

このリスクを避けるには、次の観点を項目に据えるとよいでしょう。

コンセプト文の構成要素

（例）：物販タイプ

- 商品定義説明
- 商品特性
- おすすめの対象者
- 料金体系
- 利用の流れ
- 商品スペック情報
- 特典・キャンペーン
- 利用者の声

コンセプト文の構成要素

（例）：サービスタイプ

- サービス・店舗定義説明
- サービス・店舗特性
- おすすめの対象者
- 料金体系
- 利用の流れ
- 施設・設備情報
- 特典・キャンペーン
- 利用者の声

対比式評価：
2案以上のコンセプト候補について、どちらが魅力的かを見極める方法

「対比式評価」は、2案以上のコンセプト候補について、どちらが魅力的かを見極める方法です。

アンケート質問では、「サービスのコンセプトをまとめた文章を2つご覧いただき、どちらが魅力的かを教えてください」と質問文（＝コンセプト文）を提示し、AとBのどちらが魅力的かを単一回答で尋ねます。併せて、AまたはBを魅力的だと思った理由も自由回答で尋ねます。

冒頭の例示ではAとBの2案にしていますが、全体で3案〜4案提示して、1問で1つずつ尋ねるケースも多くあります。

この方式でも実施する時には注意があります。提示するコンセプトの内容が抽象的だと、AもBも評価はイマイチだったという結果に終わってしまいます。これはこれでひとつの結果ではあるのですが、調査結果を役立てるという目的においては、実施意義はほとんどなくなります。

このリスクを避けるためには、AとBのつくり方にメリハリをつけます。私のおすすめは、Aは「よく比較されるサービス」「よく混同されるブランド」のエッセンスを入れてまとめ、Bは「現行のサービス」もしくは「今後展開を検討しているサービス」の特徴をまとめる方法です。

対比項目が明確になっていることによって、自社の特徴が引き立ち、よりはっきりとしたコンセプト評価を受けやすくなります。

④広告効果測定　～実施した広告の認知状況・購買への影響度合いを尋ねる調査

広告効果測定 A

認知度(複数回答)

Q 以下の(商品・サービス)のうち、あなたが知っているものをすべてお選びください。

- □ 商品・サービスA
- □ 商品・サービスB
- □ 商品・サービスC
- □ 商品・サービスD
- ・
- ・
- □ その他
- □ 特にない

※広告を見たかどうかの認識を問うパターンも多い。

広告効果測定 B

好意度(単一回答)

Q (商品・サービス)に対してどのような印象をお持ちですか。あてはまるものをお選びください。

- ○ とても好き
- ○ やや好き
- ○ どちらともいえない
- ○ やや嫌い
- ○ とても嫌い

※広告のクリエイティブを好きかどうかを問うパターンも多い。

広告効果測定 C

今後の利用意向(単一回答)

Q あなたはこの(商品・サービス)を利用したいと思いますか。あてはまるものをお選びください。

- ○ とても利用したい
- ○ やや利用したい
- ○ どちらともいえない
- ○ あまり利用したくない
- ○ まったく利用したくない

※広告の影響を直接的に問うパターンも多い。
※「利用」の部分は、購入・来店などビジネスタイプに合わせて変化させる。

デジタルツールの普及とともに、脚光を浴びている調査テーマ

企画力を高める調査テーマ、4つめは「広告効果測定」です。

調査会社に在籍していた当時、広告代理店を主な依頼主とするチームに配属されていた私は、本項のトピックである「広告効果測定」を数多く引き受けていました。広告代理店の役割は、クライアント企業の広告活動を企画・サポートすることなので、施策の成果をレポートするために、広告効果測定はよく使われています。

広告効果測定はこのように、広告・PR業界における（やや局所的な）実施ニーズが高い調査テーマだったのですが、昨今はデジタルツールの普及とともに全体的に実施ニーズが高まっています。もともと基本的な調査テーマでありつつも、さらに勢いを増している調査テーマというのは稀有なので、本項で取り上げたいと思います。

まず、従来のオーソドックスな広告効果測定について説明します。

広告効果測定に出てくる「広告」とは、具体的には「TVCM・電車広告・PRイベント」などを指しています。企業が大々的に仕掛けるプロモーション・キャンペーンに対して、アンケート調査により、企画の設計（仮説強化）〜効果の測定（検証強化）を担うために実施されています。

調査の中でヒアリングの対象となるものは、宣伝物である新商品（商品ブランド）はもちろん、企業自体のリブランディング（新スローガンなど）も当てはまります。

アンケートでは、広告の接触により消費者の認知度・理解度がどのように変化したのか、広告接触者と非接触者のグループの回答を比較する形で結果が分

析されます。

次に、デジタルツールの普及後に主流になってきた広告効果測定について説明します。

こちらに出てくる「広告」の種類は、「ウェブ施策・スマホ広告・動画広告」などで、いずれも広告メディアの数、広告表現手法の数が多く、また、セグメントされたターゲットに配信できるので、デジタル施策の効果測定手法として利用率が伸びています。

もともとデジタル施策の効果測定では、インプレッション（露出量）やコンバージョン（クリックや購買など）など確立された指標があるのですが、実際にはそれだけだとなかなか広告の出稿価値を説明しきれないこともあり、アンケート調査が併用して行われています。

さらにこの流れを後押ししているのが、お客様との関係構築を重視する「エンゲージメント系指標」の流行です。代表的な指標は「NPS（推奨意向度）」で、指標に対する認知・評価の高まりとともに、広告効果測定自体もホットな調査テーマになっている感じです。

アンケート調査の中では、先述の基本項目（認知度・理解度）に加えて、NPS（推奨意向度）・好意度・ブランド想起・購買意向など、エンゲージメント系の指標が重視されています。

調査手法自体は以前から確立されている調査テーマですが、使いどころや実施価値が高まっている調査テーマなので、本項で解説したトレンドを意識しておくと良いでしょう。

Chapter 1

04 あらゆるデータに対応する！4つの分析手法

Introduction

現場でのデータ活用度を上げる分析力とは

　前節までに、リサーチの企画時に役立つ「調査テーマ」について解説しました。本節では、同じような形式で、リサーチの分析時に役立つ「分析手法」について解説します。

　リサーチ分析技術の基本は次に示すような「比較」です。

①AとBの結果をデータで比較

②データの差（ギャップ）に着目

③事実を発見したり、新しい仮説を立てる

　データを取得すること自体は今の時代そう難しくはありません。そこで差がつくのが、「分析力」の有無です。同じアンケートタイトルで（つまり同じ調査テーマで）データを取得していても、分析力によって活用における有効度がまったく異なってきます。
「分析力」というと、皆さんはどんなイメージがありますか？

気をつけたいのは、世の中一般で言われている分析力は、「集計の技法」に近いことです。たとえば、本節にも出てくる「時系列比較」は分析のパターンとしてよく登場しますが、実際はデータを時系列に並べるという「集計の技法」です。
「集計の技法」によりデータの精度は上がりますが、それをもってして現場で活用できるかは必ずしも一致していません。むしろレベルが高くて一般のスタッフがうまく活用できない場合もあります。

本書の分析手法は、「集計の技法」よりも「気づく観点」に焦点を当ててお伝えします。
「気づく観点」は万人共通のもので、自分自身の分析力が増すだけでなく、データを共有する相手の理解を助けるという特性があります。ぜひこの観点に注目して、本節で紹介する、あらゆるデータに対応する4つの分析手法を読み進めてみてください。

①基本属性比較

②ファンユーザー・一般ユーザー比較

③時系列比較

④ベンチマーク比較

①基本属性比較　～性別・年代・地域などによる比較

「どんなことを尋ねるか？」は「誰に意見を聴くか？」で決まる

あらゆるデータに対応する４つの分析手法、１つめは「基本属性比較」です。

リサーチのキモである「どんなことを尋ねるか？」ということは、「誰に意見を聴くか？」ということとほぼ同義です。つまり、調査対象者をきちんと設定することは、リサーチの企画・分析において肝心かなめの要件です。

仮に調査テーマが「コスメ」であれば、「女性を集める、女性の中でも年代で分けられるようにする」という事前準備が必要になり（対象者抽出）、調査実施後は年代を分析軸に設定し、回答傾向を分析していくことになります。

基本属性はこのように、「性別・年代・地域・世帯年収」など、お客様が持つ基本的なステータスの項目を指し、リサーチにおける分析の基礎になります。

ここまでは皆さんも既によく理解されていることでしょう。

ここからは、差がつくポイントです。基本属性で分析する時の要点をまとめました。

①調査対象者の属性に対して適切な質問をする

アンケートを企画する際、つい、あれもこれも聴きたくなります。質問数が膨らみすぎたり、似た質問が増えていったり、悪気はなくても長大なものになりがちです。

こういう時は、「調査対象者の属性に対して」適切な質問構成になっているか自問してみてください。異なるテーマを混ぜていると無理が生じることに気づくはずです。

基本属性はベーシックな項目なのである意味軽く考えてしまいがちですが、調査対象者に合ったテーマが絞れていると分析効率がぐっと良くなるので、毎回再点検するようにします。

②データの用途を意識して属性のバランスを整える

基本属性のデータは「あればあるほど良い」のですが、どこまで保持すべきか、というデータ管理上の問題があります。仮に広くあまねく取得することができても、すべてを使いこなすことはできません。

こういう時は、「データの用途」を意識して基本属性のバランスを整えるようにすることがポイントです。

リサーチのデータの用途は、社内で参照するためのものから、社外に向けて公表するためのものまで様々です。

自社がどういう活動のためにデータを持つのか？を考えていけば、基本属性はどの程度取得していれば良いのかが判明します。

②ファンユーザー・一般ユーザー比較　～ファンユーザーと一般ユーザーの傾向比較

「何となく良かった（悪かった）」の中身を判別しよう

あらゆるデータに対応する4つの分析手法､2つめは「ファンユーザー・一般ユーザー比較」です。

ファンユーザーと一般ユーザーの傾向比較は、ビジネスシーンでとても使える分析手法です。両グループの差を比較することにより、自社の強みをあぶりだすことができます。

分析時にこのデータ区分がないと、「何となく良かった」「何となく悪かった」という見方になってしまい、どこがどれくらい良いのか・悪いのか？、判別しづらいのです。

ここからは、差がつくポイントです。

①ファンユーザーの傾向分析は入口と出口の両方で使う

成長期の事業では、大きく2点、①新規のお客様獲得、②既存のお客様のリピート／引き留めが主要ミッションになります。

こうしたミッションをクリアするために行うリサーチでは、それぞれ、①ノンユーザー（新規獲得）・②中止ユーザーにヒアリングしてしまいがちなのですが……結論から言うと、このリサーチは失敗に終わることがほとんどです。なぜなら、利用しない理由が画一的だったり、回答数がぜんぜん集まらずに苦労するからです。

ファンユーザーの傾向を分析することは、一般的にはリピーター獲得のためのものと位置づけられていますが、これは部分的な活用法です。ファンユーザーは常に利用価値を自己判断しながら使っているので、新規獲得にもリテンション（引き留め）にも使えるのです。

ファンユーザーの傾向分析は、入口と出口の両方で使えることを覚えておきましょう。

②スコアだけでなく支持理由にも着目する

ファンユーザーの傾向を分析する時、とかくスコアに着目しがちです。満足度・NPS（推奨意向度）などの調査結果では、スコアが高いかどうかがイベント的に重視されます。

このスコアはもちろん大事なのですが、ビジネスにつなげる視点では、スコア以上に支持理由に着目してください。スコアは調査時点での評価にすぎませんが、支持理由には、今までの活動に対して何が評価されていて、今後どう攻めるべきかが書いてあります。

本節で紹介した分析手法の活用法は、271ページからの「新商品・新サービスをつくるリサーチ」で詳しく解説しています。

③時系列比較　～関連データとの時間軸での比較

単調な「前月比較・前年比較」の業績報告を避けるには？

あらゆるデータに対応する4つの分析手法、3つめは「時系列比較」です。

時系列比較による分析は、リサーチを意識せずとも、私たちが日々行っている業務そのものです。セールス・マーケティング職に就いている人は、毎月の業績報告を時系列の比較によって、つまり、前月比較や前年比較を基準にして行っているはずです。

ただこの時系列比較、「分析」としてほとんど機能していないケースがあります。

私が新入社員で法人営業を担当していた頃、毎月の支社会議で担当エリアの業績報告をしていました。

「今月の実績は○○です。目標進捗率は○%。前月よりも好調になってきました。前年と比べても少し良くなっています」

こんな"報告"を毎月していました。

ご覧いただいてわかる通り、これはただの現状認識です。月締めの資料にある数字を言葉に置き換えただけで、「皆知っている・見ればわかる」内容です。

時系列のデータは必須ですが、発言録の素材になってしまっています。分析に価値があるかと言われれば、無価値です。あなたもこんな"報告"をくり返していないでしょうか？

では、時系列による比較は、どのように分析すればデータとしての価値が上がるのでしょうか？

ここからは、差がつくポイントです。

①意識・行動が変化した理由を読み取る

時系列のデータを縦棒グラフや折れ線グラフに配置してみた時、上昇・下降のピーク付近では何か特別な出来事が起きています。ここでの変化を探索・推論します。

たとえば、ウェブツールのGoogleトレンドで自社名を検索したとしましょう。過去にひとつ大きな上昇ピーク地点があり、その時期にはニュース番組に取り上げられたことがある、などの状況を突き合わせます。ここまでは誰でもふつうに調べますよね。

私たちはここからさらに、特別な出来事の背景にどんな意識・行動の変化があったのかを裏取りするようにします。Googleトレンドの例を続けると、当時は自社のサービスが目新しくて検索対象になっていたものの、今はまったく珍しくないためグラフは平坦のままになっている＝サービスのリブランディングや新しい事業が必要になっている、という見方ができます。

②アンケートで時系列データをつくる

時系列比較で扱うデータは、営業実績のように旗艦となるデータであれば良いのですが、そうでないデータに関しては、そもそもデータを取得するように設定できていない→時系列データを生成できない、という課題がよく発生します。

アンケートはこういう時に便利です。自社で持っていないデータを集めることができ、「利用や体験が1年以内の人から3年以内までの人の比較」や、「意識や行動に大きな変化を与える出来事の以前と以後の比較」など、時系列のデータを"つくる"ことができます。

定量データで分析をする時、デジタルツールの普及に伴い、「アンケートは記憶回答だから使えない」と懸念する声があるのは事実ですが、記憶回答ながらも自社が持っていない（生成することができない）データが取れるのはリサーチの大きなメリットです。

④ベンチマーク比較　～競合はじめ同業他社・ビジネス的に類似する企業との比較

マークする指標の達成意義を明快にする

あらゆるデータに対応する4つの分析手法、4つめは「ベンチマーク比較」です。

ビジネスは同業他社との競争であり、「ポジショニング」という用語には、自社の相対的な立ち位置を設定する、という意味合いがあります。

このビジネス原則に合った分析手法が「ベンチマーク」です。自社におけるビジネスの主要指標を、売上面や技術面の競合（マークする他社）と比較していく分析手法です。

もう少し平たくいうと、「競合調査」のアウトプットはベンチマーク比較になっています。競合との比較によって、自社の現在地やトピック別の出来・不出来がわかります。

競合調査なら、皆さんの会社でも何らかの形で実施されていることでしょう。

ここからは、差がつくポイントです。

①事業活動をトータルで観測する視点を持つ

ベンチマークする指標を見る際、（NPS・認知度などの）個別の項目ごとに結果をチェックしつつも、自社の事業活動をトータルで観測する視点を忘れないようにします。

たとえば、NPSだけの比較の結果→他社もマイナスで良かった、認知度だけの比較の結果→トップ企業に絶対勝てない、このような分析結果は局所的すぎてあまり意味がありません。

各ベンチマーク指標を確認したうえで、あらためて事業活動をトータルで見た時、「自社がやりたいことに近づいているか？」を比較することが本来の比較意義になります。

②市場にインパクトを与えているか？を自問する

ベンチマークする指標を確認する時は、市場にインパクトを与えているか？を自問するようにします。目指す数字を達成した時、マーケットやお客様に確かな変化をもたらしていなければ、具体的な成果を感じることはできません。

よくあるのが、自社のKPIを達成しているのに、従業員が何も手ごたえを感じられていないケースです。セールスやマーケティングで「目標予算の完全達成者」が出ているのに、そういう人から退職している場合なども同様です。

マークする目線が、単に業界トップ企業の市場シェアだったり、現在の1.2倍の売上成長率に相当する企業などに焦点が当たっている場合は要注意。法人としての手ごたえと従業員個人の手ごたえに大きな温度差が出てしまいます。

どんな指標をベンチマークしていくか？に迷ったら、146ページからの「競合企業に強くなる！ライバル企業チェックリスト」を参照してください。トピック別にマーク（比較）する方法を紹介しています。

Chapter 2

お客様の「ニーズ」をリサーチする

Chapter 2

01 お客様のライフスタイルを分析するワーク

Introduction

「ライフスタイル」の中身を知覚するのに必要なこと

皆さんは「ライフスタイルとは何か？」と問われたら、何と答えますか？

「ライフスタイル」というワードは、サービスのコンセプトや会社のミッションに頻繁に出てきます。「お客様のライフスタイルを豊かに」「お客様のライフスタイルを支える」といった表現はあまりによく使われるので、大事な概念であることは間違いなさそうです。でも、「ライフスタイル」という言葉が何かと問われたら回答に詰まってしまうように、実際のところ何を指しているか不明です。言葉としては「ある」けれど、内容が「ない」（理解できない）ものだとすると、困ったものです。

具体的に指しているものがイメージできないと、実際の企画に結びつけることができません。情報の発信者にとっては便利ですが、ビジネスシーンでは消化不良になって終わります。

私は12年間事業会社でリサーチ活動を行う中で、消費シーンでメインとなっている10以上のカテゴリを分析してきました。物販分野もサービス分野も調べていく中で、ようやく「ライフスタイル」とはこういうことだな、ということがわかってきました。

本節では、「ライフスタイル」の中身を私たちが知覚できる形にすべく、**「関心分野・消費感覚・生活時間」**の3つの柱に整理して、お客様理解を深めるライフスタイル情報収集ワークを紹介します。

ワークの情報源としては**雑誌**を使用します。他のメディアでもけっこうなのですが、雑誌は読者設定が明快なターゲットメディアであり、比較的バックナンバー情報を参照しやすいので、本書では例示も交えて使用していきます。

もしあなたの情報収集スタイルがウェブや他のメディアがメインならば、それに置き換えて読み進めてもらってもかまいません。

お客様のライフスタイルを分析する3つのワークを通じて、「ライフスタイル」の正体に迫っていきましょう。

①お客様の関心分野を理解する

「情報の組み合わせ方」が大事

お客様のライフスタイルを分析するワーク、1つめは「お客様の関心分野を理解する」です。

お客様の関心分野がわかっていれば、予算と稼働を効率よく集中できるうえに、新しい企画を生み出すこともできます。関心分野を理解することの大切さに異議を唱える人はいないことでしょう。

ただ問題は、**「どのようにして関心分野を把握するか？」**、つまりリサーチの手法です。

関心分野の把握によく実施されている手法にはインタビューがあります。グループインタビューや街頭インタビューで、ターゲット層の気になるもの・欲しいものを聴き出す方法です。

でもインタビューでは、「意見が薄くて参考にならない」「同じ対象者層でも個別性が高い」など、時間をかけたわりに関心分野をつかめないことがしばしば。表層的な回答しか得られなかったり、代表性のある回答を見出しづらかったり、イチかバチかで失敗する確率は高めになっています。

もちろん、インタビュー自体は非常に有益な手法です。要は、**情報の組み合わせ方**次第。あらかじめ事業活動のスケジュールを意識したうえで、どの時期にどんな関心が高まるのか、わかれば良いわけです。

そこで、お客様の関心分野を本当の意味で理解するために注目するのが**「年間の支出カレンダー」**です。

「年間の支出カレンダー」に注目

ビジネスのターゲット層と合致する雑誌（メディア）を参照する準備ができたら、【消費月×支出項目（消費のトピックになっているカテゴリ・アイテム・サービス）】を発見するワークを行います。たとえば、次の図

No.	出典（特集タイトル・雑誌名・発行年月）	消費月	支出項目（カテゴリ・アイテム・サービス）
1	特集タイトル（『雑誌A』○○年○月号）	○月	ファッション
2	特集タイトル（『雑誌A』○○年○月号）	○月	メイク
3	特集タイトル（『雑誌A』○○年○月号）	○月	スキンケア
4	特集タイトル（『雑誌A』○○年○月号）	○月	ダイエット
5	特集タイトル（『雑誌A』○○年○月号）	○月	ボディメイク
6	特集タイトル（『雑誌A』○○年○月号）	○月	脱毛
7	特集タイトル（『雑誌A』○○年○月号）	○月	料理
8	特集タイトル（『雑誌A』○○年○月号）	○月	旅行

のような要領になります。

　このように、消費月と対応する支出項目を書き出していきます。いま仮で入れている支出項目は汎用的なテーマ名になっていますが、各誌とも読者層に合わせた企画を用意しているはずです。

　このワークによって、ターゲット層が年間を通じて**どのような消費サイクルになっているのか、1つの財布から何が消費されるのか**が見えてきます。

　雑誌はぱっと見、対象者層が同じであればどれも似た感じに見えてしまうのですが、特集ベースで地道に比較していると、関心分野に対する各誌のスタンスが見えてきます。これで固有のお客様イメージをつかめるわけです。

　ワークは、同じ雑誌を1年分見る（バックナンバーの目次を参照する）方法のほか、2～3年分見て長期のトレンドを追いかけたり、読者層が近い他誌の情報を組み合わせて情報を厚くしていく方法などがあります。

②お客様の消費感覚を理解する

価格に関する商品政策・販促施策を最適な形で企画する

お客様のライフスタイルを分析するワーク、2つめは「お客様の消費感覚を理解する」ワークです。

あなたが担当する商材は、どんなクラス感の人を意識したビジネスになっていますか？

企業でお客様ターゲットを設定する際、「高所得者層・可処分所得が高い層・アッパー層」に焦点を当てる打ち手が人気です。このことは、高級品を扱っている企業でなくてもそうなりやすいので、一般的に「ビジネス効率が良い層」と認識されています。

こうしたハイクラスのお客様を取り込むために、マーケティング・セールスの活動では通常、次のようなマネープロフィールデータを重視しています。

- 世帯年収・個人年収
- 可処分所得（自由に使えるお金）
- 仕事の役職（職級）
- 自家用車の所有状況など

戦法としてはまっとうな進め方であり、「お金があれば高いものを買うだろう、たくさん買うだろう」という考え方は、やや卑しい（商売臭い）考え方ながら、原理としては合っています。しかし、この見立てだけでビジネスは成功するでしょうか？　それが可能なら苦労はないですよね（笑）。

というのも、仮に良い車を購入するお客様でも、コンビニでは割引の弁当を買う、着る服は全身ユニクロあるいはGUでいい、という人は決して珍しくないからです。

「お金を持っていれば何でも買ってくれるだろう理論」は、組織全体の対応としては合っていても、**部署あるいは担当者ベースで創意工夫するには、まるで情報が足りません。**

この認識のズレを解消するには、マネープロフィールデータだけでなく、**お客様のライフスタイルからにじみ出る消費感覚（商品単位の予算・お小遣い）を把握することが重要**です。

お客様の消費感覚をつかめていると、仕入れる商品の値決め・サービス料金の設定・セット価格／均一価格の打ち出し方など、価格に関する商品政策・販促施策を最適な形で企画することができます。

「買い物の頻出プライス」に注目

お客様の消費感覚を本当の意味で理解するには、**「買い物の頻出プライス」**に注目します。

ビジネスのターゲット層と合致する雑誌（メディア）を参照する準備ができたら、**【プライス×カテゴリ／アイテム／組み合わせ／シーン／クラス感】**を発見するワークを行います。

たとえば、次ページ以降のような要領で記事を見ていると、誌面に出てくる頻出プライスを参考にして、お客様ターゲット層の消費感覚を理解することができます。

『Seventeen』2018年9月号

TOTAL ¥1980以下の小物で
いつものシンプルコーデをアプデ★
コーデがマンネリ？ならチープリ小物でイメチェンしよっ！

https://st-channel.jp/

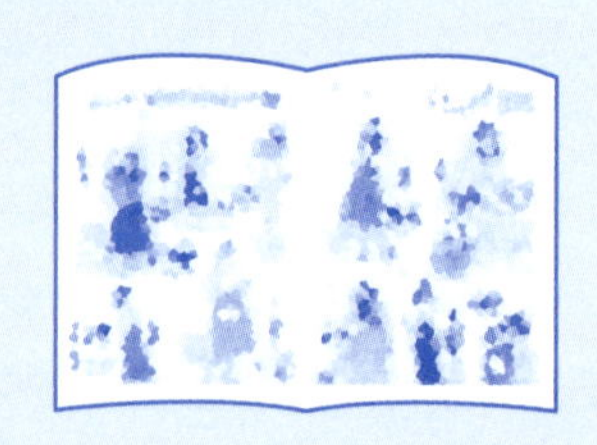

いつものコーディネートに、キャップ・サングラス・ポーチ・イヤリング・ベルト・サンダルなどを組み合わせて、1,980円以下のセットでイメチェンできる夏の小物スタイリングを紹介。

この記事では、小物のスタイリングを1,980円以下でまとめています。これは読者世代（ハイティーン）にとって、お小遣いやバイト代でまかなえる範囲のロープライス感覚。でも、見た目はアイテム点数を盛っておしゃれに見せることができる、という企画になっています。

ファッションの小物に手を出すと、学生の限られた財布には痛手。でも、小物をうまく使えばいつもと違った雰囲気も楽しめる。無駄遣いはできないけれど、ロープライスならおしゃれにも投資したい、という消費感覚が伝わってきます。

『STORY』(レギュラー企画)

スタッフのエア買いカタログ
今月の10万円以上のご褒美買い・今月の10万円以下の大人買い

https://storyweb.jp/story_tags/今月のエアー買い

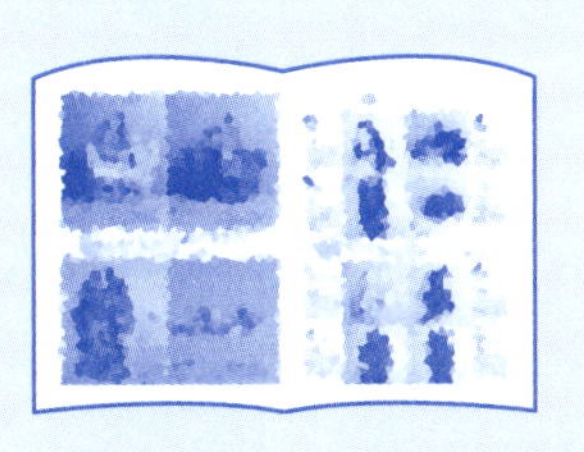

10万円以上ではブランドや素材にこだわったもの、10万円以下では季節に合った良品を、それぞれファッションのキュレーターがセレクト。

この記事では、季節の良品アイテムが10万円前後でセレクトされています。記事の見出しにも「ご褒美買い」「大人買い」とある通り、おねだりもしくはフンパツ感覚。

読者世代(40代〜アラフィフ)はある程度モノを持っている人たちですが、大人の付き合いが増す年代でもあります。ちょっと特別な場面に身につけたい、あこがれのアイテムを並べることでまだまだ輝きを保てる。読者にそんな希望を持たせてくれるプライス軸です。

『andGIRL』2018年10月号

「ユニクロ」「ZARA」「ネット通販」で、
賢く可愛くときめきシーズン走り抜けます♡
OL 聡子の 3 カ月着回しスペシャル

https://www.andgirl.jp/magazine/2018-09-12

秋冬シーズンのおしゃれをどんどん楽しむためのプチプラ服として、ユニクロ・ZARA・ネット通販から、ベーシックなアイテム＋トレンドのアイテムを紹介。

この記事では、具体的なプライスでは括られていませんが、ファストファッションブランドとネット通販が軸になっていることから、できるだけロープライスをキープしたいという読者世代（アラサー）の願望が伝わってきます。

一着で値が張る高い買い物はできないけれど、組み合わせと着回しでおしゃれに見せたい、おしゃれを楽しみたいという消費感覚を持つ女性に最適な特集になっています。

ここまでのワークのリサーチ結果について、あらためて右の表にまとめてみました。

No.	出典（特集タイトル・雑誌名・発行年月）	プライス	カテゴリ / アイテム / 組み合わせ / シーン別 / クラス感
例 1	TOTAL ￥1980 以下の小物でいつものシンプルコーデをアプデ★ コーデがマンネリ？ならチープリ小物でイメチェンしよっ！ （『Seventeen』2018 年 9 月号）	TOTAL ￥1980 以下	トータル 1,980 円以下でイメチェンできる夏小物スタイリングをセレクト。 →小物はお小遣いやバイト代でまかなえるプチプラでケアする消費感覚になっている。
例 2	スタッフのエア買いカタログ 今月の 10 万円以上のご褒美買い・ 今月の 10 万円以下の大人買い （『STORY』レギュラー企画）	10 万円以上 のご褒美買い	10 万円前後基準にしたブランド商品・季節の良品をセレクト。 → 10 万円をご褒美・おねだり・フンパツのラインとするする消費感覚になっている。
例 3	「ユニクロ」「ZARA」「ネット通販」で、賢く可愛くときめきシーズン走り抜けます♡ OL 聡子の 3 カ月着回しスペシャル （『andGIRL』2018 年 10 月号）	ユニクロ ZARA ネット通販	ファストファッションブランド＋ネット通販を使いこなす着回しコーデのセレクト。 →トレンドを取り入れたアイテムとその豊富な組み合わせを意識しつつも、ロープライスをキープしたい、という消費感覚になっている。

本項冒頭に登場したマネープロフィールデータは、収入や消費における結果としてのデータです。（たいていは）お客様も意図しているわけではなく、成り行きでそのような平均に落ち着いているわけです。そのため、そのデータだけを頼りに施策を企画しようと思うと、すごく大味な企画ばかりが生まれ、事業活動はブレていきます。

皆さんはこのワークを行うことで、ターゲット層にとってのカテゴリやアイテムごとの予算をピンポイントで把握しているので、**お客様を基準にして指値としてのプライスを見て、お客様と近い感覚を保つことができます。**

③お客様の生活時間を理解する

売上アップにつながる「お客様の生活時間」とは

お客様のライフスタイルを分析するワーク、3つめは「お客様の生活時間を理解する」ワークです。

お客様ターゲット層の「生活時間」を知ることは、ライフスタイルを知る重要な手がかりになります。事業活動では日々、お客様の生活時間をもとにした各種の意思決定を行っており、その影響力は次のように大きいものです。

来店のピークタイム

➡日々の商品在庫量、スタッフの適正人員数などの判断

購入のピークタイム

➡日々のメルマガ配信、サーバー負荷を考慮するなどの判断

このように、来店データ・購買データを参照することによって、「何時くらいに来訪があるのか？どの時間に買われているのか？」を見極めることができます。でもこの方法は、実は企業側が運営しやすくなる時間を把握しているにすぎません。

お客様のライフスタイルを分析する観点で見ていけば、もっと売上を伸ばすことができるのです。

「消費のコアタイム」に注目

お客様の生活時間を本当の意味で理解するには、「消費のコアタイム」に注目します。

ビジネスのターゲット層と合致する雑誌（メディア）を参照する準備ができたら、【消費に適したピンポイントな時間帯×その時間帯の消費内容】を発見するワークを行います。

『VERY』2019年2月号

夫婦の晩酌タイムにPM11：00の太らないおつまみ

◆仕事が忙しいパパは帰りも遅く、PM11：00から夫婦の晩酌、なんてことも多いですよね。

◆おつまみもヘルシーにすませたいけど、凝ったものを作る気はなし……

◆そんな深い夜からの夫婦タイムにぴったりな、簡単・美味しい・ヘルシーなレシピをご紹介します！

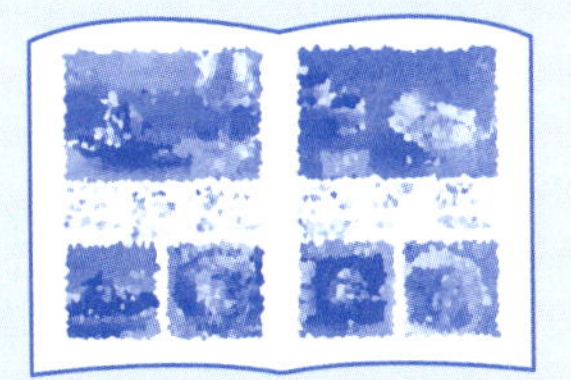

https://veryweb.jp/magazine/36848/

●コンビニで調達できる食材、火を使わない調理など、手軽でいてヘルシーな料理レシピを紹介。

●夫の帰宅に合わせて夫婦の時間をつくっていることがポイント。

この記事では、夜11時のピンポイントな時間が消費生活に意味を持っています。遅い時間帯に求められている食事メニュー、調理される時間帯に合った食材、それがわかっていたら、同じように夜型でがんばる家庭に向けて食雑貨や調理雑貨の企画を立てることができます。

時間帯的にはスーパー・コンビニの総菜が活躍しそうですが、『VERY』では手づくりを大事にしているところもポイント。夜に一品をつくるのは文字通り手間がかかりますが、つくりたてだからこそ伝わる愛情、弾む会話があるんだろうな、と思わせる素敵な企画です。

『VERY』2019年1月号

みんなのご褒美美容SPOTガイド

◆子どもの習い事が始まると送り迎えは大変だけれど、待ち時間＝自分の時間ができるのが嬉しい！ との声も。

◆そんな、やっとできたスキマ時間を美活にあてている美容フリークのママたちに、効率よく自分磨きができるお気に入りSPOTを教えてもらいました。

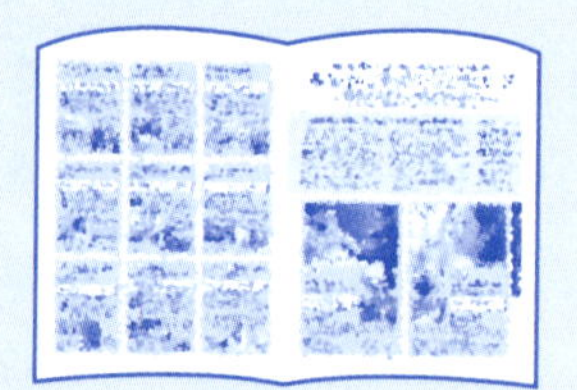

https://veryweb.jp/magazine/34834/

●読者ママが短時間でもケアできる行きつけの美容サロンを紹介。

●子どもの成長に合わせて自分の美容時間を見つける時間の使い方がわかる。

この記事では、美容サロン選びのうえで「時短・癒やし」が最大の価値になっています。通常の美容サービスは、お客様に効果を実感してもらいやすくなるよう、長時間かけて施術を行うメニューが用意されています。でもここでは、長時間かけて行うメニューは無価値。読者ママが手が空いているのはとても短時間です。

その空いている時間に着目した美容メニューをつくることができれば、他店と差別化した企画になります。

『VERY』2019年3月号

誰にも邪魔されない、実は唯一のフリータイム
通勤おひとりさま♡時間の活用法

◆買物タイム ECだから価格も徹底比較できる。日用品からハイブランドまでポチ！

◆お小遣い稼ぎタイム 毎日コツコツ稼いで、次なる軍資金をゲット！

◆疑似恋愛タイム 家では観づらいドラマやリアリティショーまで堪能！

◆スキルアップタイム アプリを駆使し、教材いらずの勉強時間

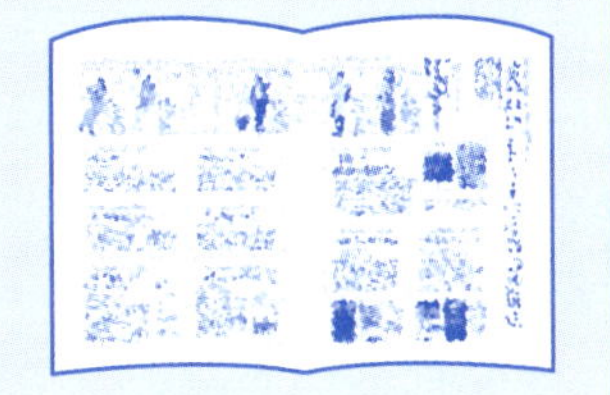

https://veryweb.jp/magazine/37938/

●働くママの通勤時間活用法を読者取材をもとにパターン分類。

●スマホアプリを使いこなして、ショッピング・スキルアップ・リラックスを楽しむコツを中心に紹介。

この記事では、働くママにとって通勤時間の意味合いがとても大きいことがわかります。子どもがいるとできないこと、自分のためのことを楽しむ時間が、かなり貴重なのです。

私たちは来店・購買のピークを基準にお客様へアプローチするタイミングを考えていますが、ライフステージで時間の使い方がガラッと変わる彼女たちへのアプローチを考える時には、この記事のように、こまぎれの時間が持つ意味を認識することが大切になります。

時間を数字としてしか見ていないと、お客様の変化についていけなくなるので要注意！

本項のリサーチワークを次の図表にまとめてみました。

どうですか。消費のコアタイムを見ていると、その時間に合わせた、あるいは、その時間を見越した企画がたくさんできそうですよね。

商品・サービス自体のクオリティに大差がつきにくくなってきている今日。単に、「会社員のお昼休憩に合わせて店もピークになるのに対応する」という表面的な理解では、競合他社を出し抜くことは絶対にできません。

お客様の生活時間を理解して、お客様のタイミングに合わせた企画を強化していくことで、大きな差別化につなげることができます。

No.	出典（特集タイトル・雑誌名・発行年月）	ピンポイントな時間帯	その時間帯の消費内容
例1	夫婦の晩酌タイムにPM11：00の太らないおつまみ（『VERY』2019年2月号）	PM11:00	●手軽でいてヘルシーな手づくり料理レシピを紹介。 ●夫の帰宅時間に合わせた晩酌が、夫婦にとって貴重なコミュニケーションの時間になっている。
例2	みんなのご褒美美容SPOTガイド（『VERY』2019年1月号）	子どもが習い事に行く間の時間	●短時間でもケアできる美容サロンを紹介。 ●子どもの手が離れているスキマ時間が、自分磨き・美活のための美容時間になっている。
例3	誰にも邪魔されない、実は唯一のフリータイム 通勤おひとりさま♡時間の活用法（『VERY』2019年3月号）	通勤おひとりさま時間	●通勤中にショッピング・スキルアップ・リラックスを上手に楽しむスマホアプリ活用法を紹介。 ●働くママにとって通勤の移動中は、子どもがいるとできないこと、自分のためのことを楽しむ貴重な時間になっている。

Chapter 2

02 お客様の好みを見極める！ 情報メディアツール

Introduction

画一的な企画を避けるには、情報メディアに目を向けてみよう

仕事では、お客様の購買データを見て企画を膨らませていくシーンが多々あります。

しかしこの肝心な時に、手持ちのデータを眺めつつ、すぐに行き詰まってしまった経験はありませんか？　いったいお客様は何を求めているのだろうと。

通常の購買・行動データは、企画につながるヒントが薄いため、結果的に画一的な企画になりがちで、いつも同じキャンペーンをやってしまう場合には特にこの傾向があります。

データを企画に結びつけやすくするには、思い切って、**「見るデータ」そのものを変えてしまいましょう！**

私たちが日頃から接している情報メディアは、「見方」を変えると企画に役立つヒントがたくさん詰まっています。

ポイントは、**「各メディアが得意とするお客様情報に強くなる」**こと。

本節では、お客様の好みを見極めるのに役立つ、4つの情報メディアツールを紹介します。

①インフルエンサーマーク法 →特定世代・特定属性から支持を得るためのアプローチを理解する

労せずヒット企画につながる情報を吸収するには

お客様の好みを見極めるのに役立つ情報メディアツール、1つめは「インフルエンサーマーク法」です。

マーケティング用語としてすっかり定着した感のある「インフルエンサー」とは、テレビ・ネット動画・SNS・雑誌等のメディアで話題性や影響力を持つ人のことを指します。インフルエンサーの本分は、タレント・モデル・ブロガー・YouTuberなどで、当人がすすめるモノ・コトは爆発的な消費を呼び込むため、企業からは引っ張りだこの存在です。

ところで本書では、調べる情報源を「ヒト」にフォーカスすることを基本的に避けています。ヒトは個別性が高く、人脈術・ネットワーキングの類は真似しづらいからです。

しかし、本項で取扱うインフルエンサーは別です。なぜなら、**「特定世代・特定属性から支持を得るためのアプローチ」がわかるから**です。

私たちは特定世代・特定属性のお客様へのアプローチ施策を練る時、アンケートを取ったり、インタビューをしたりします。しかしいくら調査してみても、なかなか気のきいた情報が出てこない場合も多々あります。

そんな時に役立つのが、インフルエンサーが持っている情報です。彼らのライフスタイルをキャッチアップすれば、かなり高い精度で良い商品・サービスの情報が得られます。

もちろん仕事として彼らにそのまま企画の発注をすることができればベストですが、予算的にそこまで踏み込めないことの方が多いもの。それならば、まずは彼らの「センス」を「情報」として取り込みましょう！

インフルエンサーのライフスタイルをキャッチアップせよ

本項の冒頭でインフルエンサーの定義や有効性について述べました。しかし実際には、彼らをマークしようと思うと次のような難しさがあります。

- **誰をインフルエンサーと定義すれば良いかわからない**
- **同系統の人が多すぎてどうチェックしていいかわからない**
- **情報の流れが早く、毎日更新されるので追いつけない**

この状態を脱するためには、はじめにインフルエンサーの定義や活用の基準を揃える必要があります。

そこで着目すべきなのが、書店で見ることができる「スタイルブック」です。スタイルブックとは、一冊まるごとインフルエンサーのライフスタイルにフォーカスしたムック（雑誌と書籍の中間的な出版物）です。

雑誌は媒体特性として流動性が高い情報を扱っていますが、スタイルブックはストックされた情報を扱っているので、落ち着いてトレンドを理解するのに向いています。

実際にスタイルブックの目次を見てみましょう。

（この方法は女性のインフルエンサーが主になりますが）タレント・モデルが主役となる場合は、たいてい次のようなトピックで構成されています。

- **ファッション**
- **メイク**
- **ヘアアレンジ**
- **ボディケア**
- **運動法・健康法**
- **お出かけ・旅行**
- **その他の趣味**
- **仕事**
- **自宅・部屋**
- **家族・友人**

ライフスタイルを取り巻く各分野で、インフルエンサーはその時選り抜きのモノ・コトを披露しています。セレクションのセンスこそが彼女たちの支持票の源だからです。

これで、誰をインフルエンサーと定義して、どんな情報を活用できるかが、はっきりしてきました。

インフルエンサーたちの動きを追っていれば、私たちは対象カテゴリのモノ・コトを個別にリサーチすることなく、特定世代・特定属性から支持を集めるための情報を入手できる、というわけです。

インフルエンサーマーク法 3つのメリット

インフルエンサーをマークするメリットをより具体的に見ていきましょう。

インフルエンサーマーク法

- ①自分とは遠い世代 / 世界のことを理解することができる
- ②オールジャンルで一気にモノ・コトを探すことができる
- ③品揃えの感度を一定に保つことができる

①自分とは遠い世代/世界のことを理解することができる

インフルエンサーマーク法が直接的に活きるのは、**自分とは遠い世代/遠い世界のことを理解したい時**です。新しい企画にあたりヒットの芽を見つける以前に、そもそも自分とは距離のあるものを理解することは困難です。

たとえば、「街ラン」にハマっている若いアクティブな女性へのプレゼントキャンペーン企画を考える機会があったとします。街ランはブームにはなっているものの、ビジネスにつなげるにはちょっとニッチなテーマで、なかなか有益な情報を探しづらいテーマです。

ましてや自分がランナーではない、あるいは女性ではない場合、なかなか企画を思い立つことは難しいもの。

そこで、ランニングを趣味とするインフルエンサーの動きをチェックしてみるのです。

ブログやインスタグラムには、ランニングウェアはもちろん、ランニングに合ったスキンケアやヘルスケア全般の情報がアップされています。

つまり、私たちが企画にあたり最も欲しい情報である、特定世代・特定属性に対してどういうモノ・コトがあったらよいかがわかるというわけです。

②オールジャンルで一気にモノ・コトを探すことができる

インフルエンサーが発信するコンテンツからは、ライフスタイル全般に渡る情報が手に入ります。他の情報コンテンツは、そもそも扱うテーマで大きくカテゴリが分断されています。**ジャンルレスに一気通貫でモノ・コトを探すことができるのはインフルエンサーマーク法ならではの利点**です。

③品揃えの感度を一定に保つことができる

ここからのメリットは、実際の商品の仕入れに結びつけることを想定して説明します。

良い品物・良い体験を自分でセレクトしようと思うと、自分自身のセンスが問われます。対象テーマの中で、仮に1つか2つ優れた商品・サービスを知っていても、複数集めて面の展開に発展できないとビジネスは成り立ちません。

そこで参照するのがインフルエンサーのセンスです。**彼らのフィルターを通すことで、商品・サービスのレベルを一定に保つことができます。**自分自身のセンスをマルチカテゴリで一定に保つのは至難の業なので、インフルエンサーの力を借りるのです。

②ファンミーティング開催法 →商品・サービスの魅力と知識をセットで吸収する

PR イベントでもあり、マーケティング情報収集の場でもある

お客様の好みを見極めるのに役立つ情報メディアツール、2つめは「ファンミーティング開催法」です。

ファンミーティングとは、**自社で提供している商品・サービスのファンユーザーを集めてイベントを開催する方法**です。シンプルに「リアルイベント」、あるいは、「オフ会」と言っても良いのですが、企業が場を主催していて、**コアなユーザーのみを招待する**ところがポイントです。

ファンミーティングでは、イベントコンテンツにも独自性があり、「ワークショップ・商品のお試し会（品評会）・食事会・プレゼント抽選会」といった、少し時間をかけて行い、商品・ブランド愛が引き出される内容のものが多くなっています。

主な開催主体としては、ふだんエンドユーザーと直接の接点を持たないメーカーや、ウェブ上でサービスが完結するサイト運営企業が行うことが多くなっています。

ファンミーティング形式の良いところは、イベントとしてのPR 機能を担うとともに、熱心なユーザーでありアドバイザーにもなり得るファンの声を吸い上げる「マーケティング機能」も担うことです。

ファンユーザーの顔を見たい！ 声を聞きたい！ というニーズは、直接的なユーザー接点を持たないタイプの企業にとっては常に存在し、自社で費用も稼働もコントロールしやすいことから、実施企業が増えつつあります。

では、本節の主題である「情報メディアツール」として、ファンミーティングはどのように活用できるでしょうか。以降では3つのメリットからこの方法の有用性をお伝えします。

メリット①
好評商品・好評機能・改善要望・希望商品などをすべて聞ける

ファンミーティングでは、商品の開発者・サービスの運営側として気になっていることをオープンに尋ねることができます。

アンケートでは定番の**「なぜ選んだのか？」**はもちろん、インタビューでは聴き出しづらい**「どこを改善すべきか？」**や、軽い業界知識を要する**「どんな展開を希望するか？」**など、なかなかできない質問をすべてフランクに聴くことができます。

いずれの質問も直に対面していて、かつ、ファンユーザーが集まっている場だからこそ、お客様の熱量を実感することができます。

しかも、たいてい好意的・前向きな形で意見が出るので、少しネガティブなトピックを扱う場合も、和やかな雰囲気の中で聴き取ることができます。

本項の冒頭でファンミーティングの開催主体にはメーカーやウェブサービスの事業者が目立つと述べました。

企画や開発の過程では様々な判断事項が出てきますが、ファンミーティングの場では大きな判断から細かいポイントまで、ユーザーにとっての是非を聞くことができます。

ファンミーティングのメリット

①好評商品・好評機能・改善要望・希望商品などをすべて聞ける
②不慣れな分野こそ詳しいお客様を頼れる
③お客様にとっても特別な参加体験として喜ばれる

メリット②
不慣れな分野こそ詳しいお客様を頼れる

会社のビジネスが軌道に乗れば、新規商材を扱うことは必然です。でも、自分が担当者としてその分野に詳しければ良いのですが、実際にはそうでないこともしばしば起き得ます。

このように、個人として不慣れな分野は、お客様を頼ってしまいましょう！

ファンユーザーに不慣れな分野のことを聴くメリットはたくさんあります。

まず、彼らは他社サービスも使いこなしていることが多いので、サービス内容、料金体系、プロダクトの使い勝手、リリーススケジュールなどが頭に入っています。強い記憶力と批評力は、ファンミーティングの場でもいかんなく発揮されることでしょう。

次に、対象テーマを一から調べるにあたり、あらかじめ調べる範囲と重要トピックを頭に入れたうえで聴き進めることができます。最初に詳しい人から論点を聴き出せると、調査の手戻りが少なくて済みます。

メリット③
お客様にとっても特別な参加体験として喜ばれる

ファンミーティングは、お客様にとってもひとつの特別なイベント体験として喜ばれます。「運営の人に意見を聴いてもらった、もっと使いやすくなったら嬉しい、他のユーザーの顔を見られた」ということは、よりいっそうサービスを好きになる体験として刻まれます。インタビュールームでヒアリングするのとは違い、オープンで明るい雰囲気ならではのユーザーコミュニケーションが可能になります。

③ラジオ&ライブ配信チェック法 →お客様の話し言葉がわかる

ラジオからリスナー世代の「話し言葉」を知る

お客様の好みを見極めるのに役立つ情報メディアツール、3つめは「ラジオ&ライブ配信チェック法」です。

本節の主題は**「お客様のパーソナリティーを知る」**ことです。この本質が何であるかというと、要は**「ターゲットであるお客様の世界観に入り込むこと」**です。

お客様の思考・願望・言動・生活を仮想体験できれば、リアリティのある企画が生まれます。この目的では、マスメディアの中で「ラジオ」がとても適しています。

ラジオには世代を代表するパーソナリティーが登場して、自分が好きなもの・最近起こったことをとりとめもなく語り、投稿を通じてリスナーとの会話で盛り上がります。

この一見何でもない番組構成は宝の山です。番組のリスナー世代に今何が起きているかを、下にあるようなトピックを通じてありありと理解できるからです。

たとえば、筆者世代の1980年代生まれ（30代後半）では、友人との会話で「超（すごい・ヤバい）」を使いますが、今の若い世代（20代前半）の皆さんは「ガチ」を使うことでしょう。こういう感覚をナマで理解できるメディアはなかなかありません。

ラジオ&ライブ配信からわかること

①どんなものが流行っていて（トレンド）

②どんな言葉が使われていて（キーワード）

③どんな場所が生活の核になっているのか（コミュニティ）

ネットのライブ配信もラジオ的なコンテンツ

そうはいっても、「ラジオは聴かない！」という方は多いかもしれません。そんな方は、「ネットのライブ配信」はどうでしょう。

YouTube や LINE LIVE、SHOWROOM など、動画のライブストリーミング番組ならよく見ているよ、という人はけっこういると思います。

ネットのライブ配信は番組的にラジオの構成に近く、先述のように、パーソナリティーが特定テーマを通じてリスナーと盛り上がる仕掛けになっているので、ラジオと同じような魅力があります。

事実、人気アーティストは、ラジオ放送をリアルタイムで動画配信することもあるくらいなので、親和性の高さが証明されています。

「出演者と視聴者がどのような世界観で結ばれているのか？」、この視点を持って動画番組を視聴してみてください。

④LINEメッセージチェック法　→お客様の書き言葉がわかる

LINEメッセージから お客様の「書き言葉」を知る

お客様の好みを見極めるのに役立つ情報メディアツール、4つめは「LINEメッセージチェック法」です。前項で「お客様の話し言葉」を知る方法をお伝えしたのに続き、本項では、「お客様の書き言葉」を知る方法をお伝えします。

といっても、この方法は皆さんだいたい想像がつくでしょう。そう、LINEのメッセージをチェックするやり方です。

当のLINE社がLINEにおける書き言葉の豊かさについて情報発信している**『LINE みんなのものがたり』**をもとに、メッセージをチェックしていく時のコツを見ていきましょう。

自然な書き言葉だからこそ、共感・感動される

『LINE みんなのものがたり』は、LINEユーザーへの調査レポート・インタビュー取材をもとに、幅広い使用法を発信しているLINEのオウンドメディア（自社をアピールする目的で企業が主体的に運営しているウェブサイト）です。

たとえば、母の日に合わせて実施された調査リリース、「【実態調査】母親のLINEの特徴1位は絵文字・スタンプの使い方が謎」をご紹介しましょう。

このリリースは、中学生～社会人のユーザーに母親とのLINE連絡状況を調査し、そのアンケートをもとに、「母親からのLINEあるある」を考察した内容になっています。具体的には絵文字やスタンプの使い方がちょっとズレていたり、誤字脱字がひどいメッセージを連投したり。子の視点に立つと、思わず「あるある」と笑ってしまう使い方ばかりです。

一方で、泣ける要素も。自分の成長を喜んでくれたり、帰りが遅いことを心配してくれた

り、そういった連絡は母独特のものなので、多少表現方法が不器用であっても、子を気にかけるストレートな気持ちが伝わってきます。

私たちがこのリリースに共感するのは、母の書き言葉によるコミュニケーションがあくまで自然な形だからです。

つまり、それくらいお客様と同じ言葉を共有できるかは、企画において非常に重要なファクターなのです。

特に広告コンテンツやアプリプロダクトを使ってユーザーとコミュニケーションを図る場合、**短い時間で世界観を伝える必要があるため、相手と響き合う言葉をリサーチしておきましょう。**

SNSの使用状況は「よく使う言葉」にも注目を

ビジネスシーンでお客様プロフィール（ユーザーイメージ）をまとめる際、最近では「SNSの使用状況」がよくトピックに挙がります。「当社のユーザーが情報収集に使うSNSは、第1位がツイッターで、第2位がインスタグラムで…」というように。これはこれで必要な情報です。

でも、売れる商品・刺さる企画を考えるなら、実際に重要な情報とは、「よく使う言葉（話し言葉・書き言葉）」のように、お客様のふだんの感じがわかるものです。

本項では代表的なメッセージツールとしてLINEを取り上げましたが、お客様のSNS使用状況をチェックする時は、ぜひ言葉の面にも着目してみてください。SNSの「投稿内容」や「リアクション」にはとても個性が出るので、お客様との"距離を縮める"情報を得ることができます。

参考：
LINE みんなのものがたり｜調査リリース｜ Vol.6【実態調査】母親のLINEの特徴1位は絵文字・スタンプの使い方が謎
http://stories-line.com/research/00012/

Chapter 2

03 お客様イメージの宝庫！雑誌の超活用法

Introduction

ビジネスパーソンが新聞と同じくらい雑誌を読んだ方がいい件

ビジネスシーンではよく、「社会人として本を読むといいよ」と同じノリで、「ビジネスセンスを磨くのに、君も雑誌を読むといいよ」と、先輩から後輩へアドバイスが送られます。

ところが、「雑誌を読むといい」というのは、なかなか実のあるアドバイスにはならないようです。本の場合は、「この本を読むといい」というおすすめとセットになって語られることが多いのですが、雑誌の場合はそういうことがありません。「この雑誌がいま一番売れているから読んでおくべきだ」という補足があるくらいです。

雑誌を読むこと自体が目的化してしまうと、何をどう読めば実際に役立つかイメージができません。でもそれではもったいない。**私たちのビジネス活動に必要な情報はすべて雑誌に出ていて、雑誌は読み方ひとつで自分の仕事に有利な情報がわかるようになる**のです。

ビジネスパーソンが雑誌を読むべき理由。それは、**雑誌が特定分野の消費者を意識したつくりになっており、仕事につなが**

る「お客様（イメージ）情報収集」のために大いに使えるからです。

雑誌は特定分野のお客様イメージ情報収集に使える

雑誌の読者をビジネスのターゲットとして見立てて読んでいると、**読者が興味のあることから欲しい商品まで何でもわかります。**お客様イメージがわかっていれば、何か企画を提案しなければいけない時に、具体的な手立てを考えやすくなりますよね。

たとえばあなたが仮に今34歳だったとして、10代女性向けのプレゼント企画を考えてください、と言われたら、ちょっと悩むかもしれません。でも、中学生の姪にあげるプレゼントを考えてと言われたらどうですか？考えやすいはずです。それは少なからず姪の情報を持っていて、個性を知っているからです。性格や好きなものを知っていれば、むしろプレゼントの候補はたくさん出てきますよね。

雑誌はターゲット読者の情報や個性をたくさん教えてくれます。特に、**モノ・コト・ヒトの消費情報と強く紐づいている**ところがポイントで、同じくニュース性のある情報を扱う新聞との違いはここにあります。

とはいえ、雑誌は種類が多く、1冊の情報量も膨大です。どの雑誌をどのように読み進めると良いか、迷ってしまいますよね。また、あまり個別のタイトルに依存すると、情報が偏ったり、昨今は休刊するリスクもあります。

そこで本節では、具体的な雑誌タイトルを取り上げつつ、その「コンテンツ」に着目して、雑誌の超活用法を紹介していきます。これを読めば雑誌の目のつけどころがわかります。

①巻頭特集のプロローグ

お客様のライフステージに合わせたコンセプト設定がわかる

雑誌の超活用法、1つめは「巻頭特集のプロローグ」です。

雑誌には「〇〇年代向け」という読者層のくくりがあります。女性ファッション誌は特に区分が細かく、25歳・28歳・30歳・35歳という年齢が見出しにも出てきます。**仕事で雑誌を参考にする時は、この年代・年齢を頼りにターゲット層の志向性を理解しようとするのが王道です。**

しかし、何となくパラパラめくってみたけど、何も得るものが残らなかった…という人が多いのではないでしょうか。仕事用に読む場合、季節のアイテムを知りたいわけではないので、ふつうに読んでしまうと、対象年代は合っていてもターゲット理解は深まらないことになります。

では、どこに注目して見るべきか？

「巻頭特集のプロローグ」は、その名の通り、雑誌の巻頭にある特集冒頭で、雑誌としてのスタンスを伝えているページです。ここに、**読者層が好む・あこがれる生き方**が示されています。

ページの体裁は、ポエム調のモノローグが入ったビジュアルカットや、ドラマ仕立てのショートストーリーで構成されており、直接的なモノやコトではなく、**「コンセプト」で読者を惹きつける工夫**になっています。

30代子育てママに必要な"モノ"は「自分へのねぎらい」

「基盤のある女性は、強く、優しく、美しい」をコンセプトにしているのが、30代子育てママ向けのファッション誌『VERY』です。知名度が高いので雑誌タイトルはご存じの方が多いことでしょう。でも、中身をじっくりと読んだことはありますか？

『VERY』の「巻頭特集のプロローグ」を見てみましょう。

『VERY』2019年2月号

この冬、自分をもっと愛してあげたい

プロローグ
たまには自分をチャーミングに甘やかそう

◆たまには自分のためだけに、高いお肉を買っちゃおう。絶対熱々で食べるんだ！

◆自分に手をかけることが幸せな美容三昧の夜。だから今日は寝落ちしない！

◆お世話に徹する毎日。頭を洗ってもらうだけでも涙が出るほど癒やされる。

◆お迎えまでの15分。濃厚なチョコパフェを誰にも邪魔されず完食！

https://veryweb.jp/magazine/36848/

『VERY』
30代の子育てママを主な対象として、都会的なカジュアルスタイルを紹介するファッション誌。思わずあこがれる暮らしのビジュアルが目を引く一方、子どもの卒入園・保護者会・公園遊び・自身の復職など、実用的なファッション提案が支持を集めており、雑誌不況の中でも広告がよく集まる分厚い誌面でも知られている。ファッション誌としては珍しく、自身のファッションのことだけでなく、子ども＆夫を含めた家族と楽しむシーン設定（運動会・ハロウィン・子連れスポット・家族旅行・BBQ など）が多い。

●冬特集のプロローグとして、自分を元気にするワンシーンカット集を展開。
●子どもから手を離せない生活の中で、短い時間で充足できる事例を集める。

記事からは、子育てのことを生活の一番に据えつつも、自分自身を大切にするねぎらいこそ30代子育てママに必要なモノなんだ、というメッセージが伝わってきます。

『VERY』の読者層がどんなこと（どんな時）に消費の価値を見出しているか、引用部分からよくわかりますよね。

ターゲット世代の雑誌を漫然と見ていても、何も発見はありません。これを回避するには、**お客様のライフステージを意識した企画に注目する**のです。

本項で紹介した巻頭特集のプロローグは、その雑誌を代表する特集テーマの時、リニューアルを実施した時、新年あるいは新年度の時など、要は気合いが入っている月号に掲載されています。次に雑誌を開く時に、ぜひチェックしてみてください。

②マネープラン特集

経済的なクラス感による消費行動の違いがわかる

雑誌の超活用法、2つめは「マネープラン特集」です。

雑誌の中でも目にすることが多い特集が「お金」に関するものです。「貯金・節約・投資・副業・年収アップ」など、とにかく金・金・金です。

通常は自分のことに状況を当てはめて読む内容ですが、ビジネス目線でもターゲット理解のためにうまく役立てることができます。

週刊誌あるいは月刊誌タイプの経済誌・総合誌は、読者の経済的なクラス感を意識してつくられており、**数誌読み比べてみると、すぐにターゲット層の消費感覚をつかめてきます。**

本項では「捉えどころがない」とされる男性の消費行動を分析してみましょう。

ここでは男性の消費行動を知るべく、エグゼクティブ向けのビジネス教養誌『PRESIDENT』と、若手サラリーマン向けに働き方・娯楽情報を伝える総合情報誌『週刊SPA！』を、同じマネープラン特集で見比べてみます。

『PRESIDENT』2018年11/12号

実践版◎人生100年、お金に困らない生き方
金持ち老後ビンボー老後——2019

家計の赤字化、全力回避！「お金の未来年表」30年シミュレーション＆処方箋

◆50代の壁　役職定年、住宅ローン、教育費のピーク…

◆60代の壁　定年、熟年離婚、子の結婚、親の介護…

◆70代の壁　認知症、免許証返納、老人ホーム入居…

https://presidentstore.jp/category/MAGAZINE01/011822.html

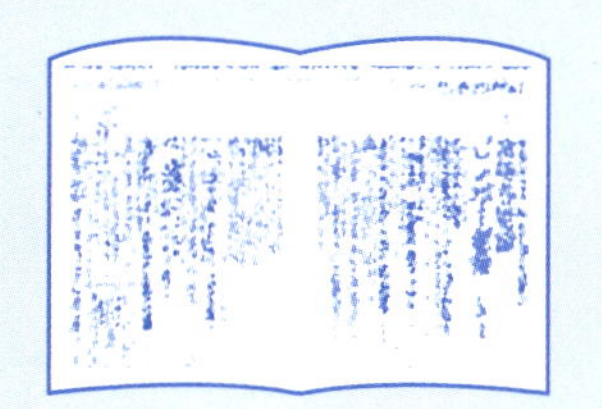

『PRESIDENT』

経営を担うエグゼクティブ・ハイクラス層のビジネスリーダーを主な対象として、ビジネス仕事術・一般教養を紹介するビジネス誌。自身のスキルアップだけでなく、家計や子どもの人生シミュレーションにも力を入れるラインナップが『PRESIDENT』らしさ。主な特集テーマは、①ビジネススキル（英語・歴史・会計・法律・哲学・心理学・脳科学・話し方・勉強法・資料作成）、②マネープラン（老後の生計・実家の問題）、③その他（家・マンション選び、病院選び、高校・大学情報）、と広範にわたっている。

●定年退職を前提とする人生設計。

●子ども・親に関する急な出費も見込んでおり、文字通り「家計」を意識している。

『週刊 SPA!』2019年2月5日号

70歳まで働く（超）実践ガイド

年金も定年も先延ばし時代に今から考えておくこと
雇用延長、アルバイト、起業etc.

◆雇用延長　会社員人生の延長戦の現実とは？

◆転職＆独立　定年後を見据え動きだした人の明暗

◆アルバイト　実は居心地がいい？シニアバイトの実情

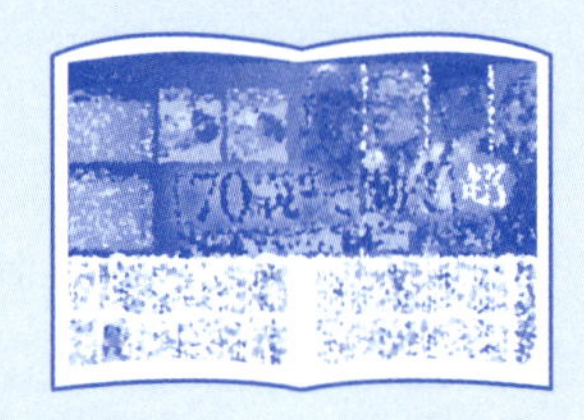

https://www.fusosha.co.jp/magazines/detail/4910234510298

『週刊 SPA！』

若手サラリーマンを主な対象として、仕事・お金・娯楽に関する情報を紹介する総合週刊誌。「下流社会・年収の壁」といった見出しが目立つ通り、格差社会をどう乗り切るか・何歳までに転身できるかなどの読者課題を、やや自虐的なスタンスでまとめている。「貧困生活脱出・儲かる副業」的な生活経済記事がある一方、「合コン四季報・マッチングアプリ活用術」など浪費につながりそうなナンパ系の記事もあり、振り幅の広さが読者を飽きさせない魅力になっている。ルポ・体当たり取材が基本の記事も特徴的。

●長く働き続けることで生計を維持する前提の人生設計。

●人生後半の働き方のモデルを取材し、定年前に準備を始めることを推奨している。

ビジネスリーダーは「家計のマネジメント」、若手サラリーマンは「自活のマネジメント」

特集の内容を見ていると、読者の経済的なクラス感が人生のマネープランに大きく影響していることがわかります。

『PRESIDENT』は現役中に貯めきることを前提に、消費対象は常に家計に焦点を合わせています。（読者層が『週刊SPA！』より上の世代ということもありますが）自身・妻・子ども・親、それぞれに対する大きな支出面でのケアを想定したマネープランになっています。

一方で、『週刊SPA！』はシニア世代になっても働き続けることを前提に、まず自身が自活できることを第一にした内容になっています。

そのうえで、（別の号ではよく）分不相応な家のローンや子どもの教育費に警鐘を鳴らしており、ギリギリの生活を送っている人向けのマネープランになっています。

このように、読者の経済的なクラス感を意識して読み込んでいくと、**ターゲット層（読者層）の消費対象や金銭感覚の違い**を理解しやすくなります。

③世代を意識した特集

年齢ステージに応じた消費傾向がわかる

雑誌の超活用法、3つめは「世代を意識した特集」です。

雑誌を読む最大のメリットは、**自身とは遠い世代のお客様ニーズを知ろうとする時に確かな情報を得られること**です。各誌とも年齢層を細かくセグメントして発行しているので、それを参照することができます。

この雑誌特性を意識して、各誌の「世代を意識した特集」に目を向けてみたいと思います。

もともとセグメントされている読者に対して、さらにピンポイントで世代別の志向性・トレンドを押さえていくのです。

本項では、ハイセンスなレストラン情報誌『東京カレンダー』と、中高年女性向けに生活・美容のコツなどを伝えるライフスタイル誌『クロワッサン』を、それぞれ飲食・美容のお客様ニーズを知る目的で見てみましょう。

『東京カレンダー』2019年3月号

32歳からの東京。

「社会人10年目」が真の大人への分岐点。

1. 誰とも被らない店へ向かう
2. 人を喜ばせることに幸せを感じる
3. 大人しかいない店にも気後れしない
4. 知識はひけらかさない、でも知っておく

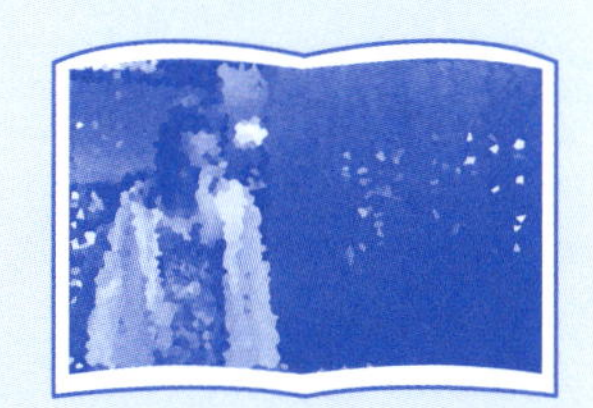

https://tokyo-calendar.jp/article/14361

『東京カレンダー』

高収入のエリートサラリーマンを主な対象として、都内近郊のハイクラスレストランを紹介するグルメ情報誌。美食へのこだわりを追求するとともに、「デートで使える・女性を口説ける」雰囲気を持つ店をセレクト。グルメ情報誌らしく、「銀座・青山・六本木」などエリアごとに掘り下げる特集で読者層をつかんでいる。2019年からは「初デート・週末旅・金曜日」など、人×外食シーンにフォーカスした特集にリニューアル。読者の体験を反映させたモデルケースを充実させ、レストラン利用時のストーリーを味わう記事構成に。

- 「社会人10年目・32歳」という年齢の節目を意識。
- 真の大人へのステップとなるたしなみ（知っておくべき店・プレゼント・店での振る舞い方）を紹介する。
- 東京カレンダー特有の個性はありつつも、世代別のトレンドをリードしている特集。

『クロワッサン』 Vol.972 2018年5月20日号

いまの肌悩みに必要な、最新コスメ早わかり

肌痩せ・色ムラ・たるみ・シワ、
4大肌悩みに必要なコスメはこれ。

◆[顔こけ・肌痩せ] 問題は肌だけじゃない！？"顔立ち老化"の真相とは？

◆[肌色の悪さ] ぱっと見の印象を決める肌色。大人の場合は、内側の明るさも大切。

◆[たるみ] ほうれい線にも繋がるネガティブ要素は、肌内部から払拭しよう。

◆[シワ] くっきりと定着した"悪いシワ"をなくし、しなやかな幸せ顔に。

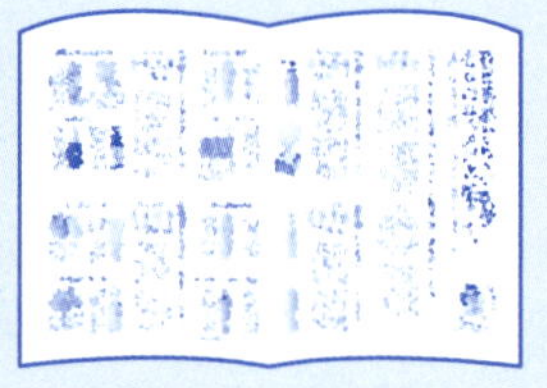

https://croissant-online.jp/health/65008/

『クロワッサン』

40代～50代女性を主な対象として、暮らしのこと・からだのことをテーマにした知識を提供する生活情報誌。暮らし系のテーマでは食生活・家事・貯金などを、からだ系のテーマでは美肌・メイク・体力づくりなどを取り上げる。誌面づくりは、各分野の専門家がアドバイスを送る展開をベースに、基本的なルールを見直すことで生活がちょっと良くなるコツを紹介している。

●加齢・老けに対応する今の自分に合ったコスメ選びの重要性を説く。

●シワ・たるみなどの悩み別に必要な最新コスメを紹介。

世代別の消費ポイントを押さえる

特集の内容を見ると、『東京カレンダー』は、キャリアを積んで交友関係も広くなってきた社会人男性向けに気のきいたレストランを、『クロワッサン』は、肌の状態に変化が訪れる中高年女性向けにエイジング対策のスキンケアを、それぞれ紹介しています。

ともにその世代でピンポイントで必要になってくる情報であり、私たちは**読者の年齢ステージに応じてどんな消費傾向が出てくるか**を容易に知ることができます。

本項ではわかりやすく飲食・美容を取り上げましたが、この読み方は他のカテゴリでも有効で、旅行・アパレルなど年齢・世代で志向性が入れ替わる業態で重宝します。

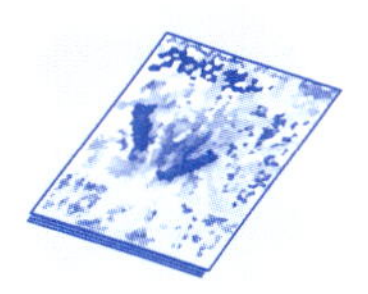

④読者スナップ

街やファッションの系統に特有のトレンドを見る

雑誌の超活用法、4つめは「読者スナップ」です。

読者スナップはファッション誌の定番企画で、カメラマンが街中にいる読者層をスナップ撮影して、コーディネートのポイントを聞くコンテンツです。

読者のこだわり・マイブームを通じて、街（青山・原宿など）やファッションの系統（ストリート・モードなど）に特有のトレンドを見ることができます。

子育てママに持ち歩きお菓子が支持される理由

ファッション誌以外でも、読者の顔が見える誌面づくりをしているのが、専業主婦向けの生活情報誌『Mart』です。

読者スナップの記事を見てみましょう。

『Mart』2019年3月号

関東・関西でSNAP
自分のための「持ち歩きお菓子」教えて！

◇**定番の甘い系チョコ＆クッキーがいちばん好き！**

やっぱり食べたいのは疲れがとれる癒やし系の甘いものたち。買い物ついでに気軽に買える、身近な定番お菓子を持っている読者をスナップしました。

◇**リッチな気分になれちゃう ちょっと贅沢したいときはコレ！**

子どもには絶対あげたくない！（笑） 自分のためだけの「いつもよりちょっと贅沢」なお菓子は日頃の自分をいたわる活力源にもなるんです。

◇**毎日持ち歩くからこそ断然体にイイお菓子**

母は毎日が体力勝負！家族のことを思って、自らの健康に気を使うMart読者。

それぞれ選ぶ理由があって、リピ買いしている模様です。

http://mart-magazine.com/contents/magazine/backnumber/201903.html

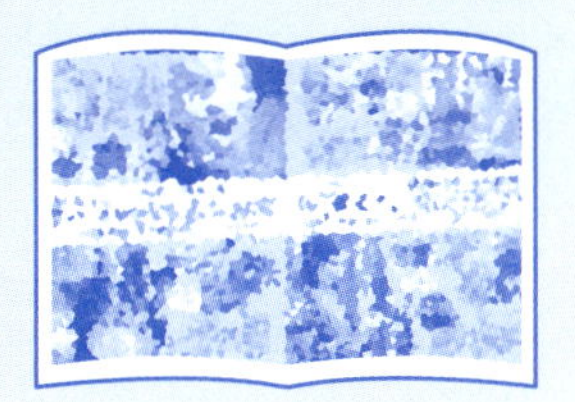

『Mart』

都市近郊に住む30代～40代の専業主婦・子育てママを主な対象として、ファッション・インテリア・生活雑貨のある暮らしを紹介する生活情報誌。いつもの料理や部屋のインテリアにアレンジをきかせる雑貨・調味料・食器・飾りつけが定番記事。頻出する小売店ブランドは、コストコ・イケア・無印良品・ニトリ・カルディ・PLAZA・3COINSなど。『Mart』を一躍有名にしたブームには、「食べるラー油」「ダウニー（柔軟剤）」「コストコのバッグ」などがあり、主婦の読者が面白い使い方をして広がったり、地元主婦が寄り集まって商品価値が見出される事例が有名。読者が見つけた・読者がつくったトレンドを大事にしており、「パッケージ映え・飾れる・ハンドメイド・香る」がキーワード。

- ありそうであまり見なかった持ち歩きお菓子のスナップ。
- ママならではの持ち歩きシーン＋読者個人のお菓子セレクトに個性が出ている。
- 屋外でのスナップ撮影によって、リアルな生活感がより伝わる。

スナップに登場するママたちの情報から、ママはちょっとした移動が多い生活スタイルをしていることがわかります。

また、登場するお菓子も、単に「人気で売れている」「ランキング上位」のものではなく、ママならではの理由で支持されていることがわかります。

「癒やしが欲しい！贅沢をしたい！いずれもちょっとでいいから…」という思考パターンが、「持ち歩きに最適なお菓子をチョイスする」という行動パターンになって表れている。ここを読み取ることがポイントです。

読者スナップから個人の生き方・人生観・生活習慣などが見えてくる

読者の生活スタイルをウォッチしていると、そこから逆算して必要な商品やサービスを企画することができます。

『Mart』は「子育てママ×持ち歩きお菓子」という形で読者イメージと商品がぴったりと結びついており、お手本のような企画になっています。

読者スナップはこのようにファッション誌だけでなく、あらゆる実用誌に登場しており、ターゲット層のライフスタイル（個人の生き方・人生観・生活習慣など）を知ることができます。

また、**ライフスタイルとは「個人の思考パターン・行動パターン」を知ること**だと気づかせてくれます。

⑤読者アンケート

モノ消費・コト消費に対する志向性を裏づける

雑誌の超活用法、5つめは「読者アンケート」です。

読者アンケートは、読者のモノ消費・コト消費に対する志向性を裏づけるためによく登場する切り口で、特に女性誌では、美容・恋愛系の記事によく見られるコンテンツです。

「○○している人は○%」「○○についての体験談」という見出しがあると、つい自分に重ねて読んでみたくなりますよね。

クールなJJガールがぺたんこ靴を愛する理由

ファッションの分野で特集テーマにうまくアンケート結果を組み込んで誌面づくりをしているのが、25歳前後の社会人女性を対象にしたファッション誌『JJ』です。読者アンケートの記事を見てみましょう。

『JJ』2018年6月号

事実、JJ読者は週5で履いている！
今日も明日もぺたんこ靴

◆ **平均年齢25.05歳**
東京・名古屋・関西のイケてる
JJガール100人にアンケート！
週何日ぺたんこ靴を履きますか？→平均4.7日

◆ **PARTI　ぺたんこ靴で、彼と一緒にどこまでも！**
2人でいるとき、"疲れた？"なんて気を遣わせたくない

https://croissant-online.jp/health/65008/

●ぺたんこ靴の履きやすさ・疲れにくさを評価する内容。JJモデルがおすすめのバリエーションを披露。

●その後の号でもぺたんこ靴を取り上げる記事は続いている。

『JJ』

25歳前後・社会人生活をはじめた女性を主な対象として、シンプル・ベーシックかつ洗練されたアイテムを紹介するファッション誌。ホンネとタテマエが一致した主張が誌面の随所に見られ、ストイックな看板モデルがこの雑誌カラーを先導する。定番のデニム特集では、キレイなラインのデニムを履きこなすためにガチトレーニングを欠かさないモデルの生活を紹介。同世代の中では、大人っぽく自然体なスタイル提案になっているため、対象より上の世代にも読まれている。近年は「社会人になったらJJを読もう！」という連続企画の通り、学生からの切り替わりステージを意識したつくりになっている。

アンケートデータによって、ぺたんこ靴が読者にとって手放せないアイテムであることがよくわかります。週5って、ファッションのサイクルで考えたらほぼ毎日ですから。
「自分自身が窮屈な思いをするのはイヤ！パートナーにも気を遣わせない！」という生き方のポリシーが、「ぺたんこ靴」という所有アイテムになって表れている。ここを読み取ることがポイントです。

同世代の雑誌ではまだ、周りからの「モテ」「ウケ」が意識されている中で、『JJ』の世界観はとってもクールでかっこいい生き方です。
『JJ』ではデニム特集の号で、美しいラインのデニムを履きこなすためにきちんとからだを鍛えることを推奨したりと、かなりストイック。
ポリシー部分がアイテム選択にかなり影響を与えていることがわかります。

雑誌のアンケート企画は、調査としての精度はいまひとつなことが多いのですが（回答サンプル数が少なかったり、回答者が偏っていたりする）、**巻頭特集で使われるような時には、読者のポリシーを代表していることがあるの**で要チェックです。

⑥サブカテゴリ特集

コンセプトテーマを立体的に理解する

雑誌の超活用法、6つめは「サブカテゴリ特集」です。

もともと雑誌は専門分野（カテゴリ）に絞ってつくられていますが、その中身では、さらに細分化されたトピックを様々な特集で扱う構成になっています。この細分化されたトピックが「サブカテゴリ」です。

たとえば旅行雑誌は、旅行という専門分野（カテゴリ）の雑誌で、その中で、鎌倉・湘南などのエリア（サブカテゴリ）や、女子旅・アート旅などのテーマ（サブカテゴリ）を扱う構成になっています。

この特性を意識してひとつの雑誌を読んでいると、そのカテゴリで重要と位置づけられている「コンセプトテーマ」を立体的に理解することができます。

『mina』

◆デニム愛　2018（2018年6月号）

◆Tシャツのすべて♡（2018年7月号）

◆可愛い！涼しい！らくちん！もっともっと、夏ワンピ！（2018年9月号）

◆ニットひとつで人生変わる 運命のニット220（2018年12月号）

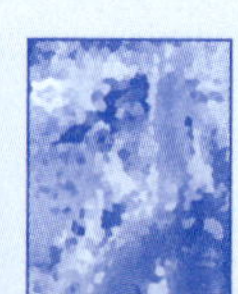

https://tokyo.cawaii.media/mina/magazine

ファッションアイテムの1テーマ型特集。デニム、Tシャツ、ワンピ、ニットなど。

「カジュアル」とは何かを説明するには？

ファッションの分野でサブカテゴリ特集に取り組んでいるのが、20代のナチュラル女子向けファッション誌『mina』です。『mina』は「ガーリー×カジュアル」がコンセプトテーマ。ファッションにおいて「カジュアル」は重要なキーワードであり、他誌でも頻出しています。

でも、「カジュアル（ファッション）とは何か」を表現しようと思うと、ちょっと難しいですよね。「普段着的な概念であること？」としか言いようがありません。

そこで『mina』のサブカテゴリ特集のラインナップを見ていると、デニム・Tシャツ・ワンピ・ニットなど、いずれも着やすさ・履きやすさ・扱いやすさのある品目が並んでおり、カジュアルスタイルを実践するのに欠かせないアイテムがよくわかります。

コンセプトテーマをお客様にどう伝えるか迷ったら、このように、ひとつの分野のサブカテゴリ特集をチェックしましょう。なにげなく使っている「コンセプトテーマ」の意味について、立体的に理解できるようになります。

『mina』
20代の女性を主な対象として、ガーリー×カジュアルなスタイルを提案するファッション誌。ストリート誌の延長のようなごく普段着での街歩きを舞台にしつつも、「女の子らしい・大人感がある・自分に似合う」ことを意識した、実はおしゃれに気を配っているスタイリングが得意。特集に限らず、「Tシャツ・デニム・スカート・パーカー」など、カジュアルを代表するアイテムをおしゃれに着こなすポイントを伝える。同じ「主婦の友社」から出ている『Ray』（ザ・モテな甘いスタイルが得意）と比べると、「ガーリー」の定義について、差がよくわかる。

⑦手土産・ギフト

人間関係から生まれる消費のシーンがわかる

雑誌の超活用法、7つめは「手土産・ギフト」です。

雑誌にはよく手土産・ギフトの記事コンテンツが登場します。

編集部が季節に合わせたプレゼントに最適な品物を紹介したり、秘書・広報・接客の達人がセレクターとなっておすすめの逸品を紹介したりと、実用的なコンテンツとして好まれています。

年末に手土産・ギフトのテーマで1冊まるごと総力特集を組んでいるのが、女性向けのライフスタイル情報誌『CREA』です。下の該当する号の目次を見てみましょう。

『CREA』の目次からは、贈答の先にある人間関係をイメージできる切り口が多数見つかります。

『CREA』2018年12月号

おいしいものからずっと使える名品まで 贈りものバイブル。

◆日々のものこそ、いいものを
◆語りたくなるスイーツとパン
◆今年もクリスマスがやってくる
◆こだわりのある人に響くセレクト
◆おいしいものは缶に詰まっている
◆食卓に届けたいごちそう
◆毎日が少し楽しくなるもの
◆こんな時、どうすれば？ という時に
◆端正な手みやげカタログ
◆47都道府県手みやげリスト

http://crea.bunshun.jp/articles/-/21126

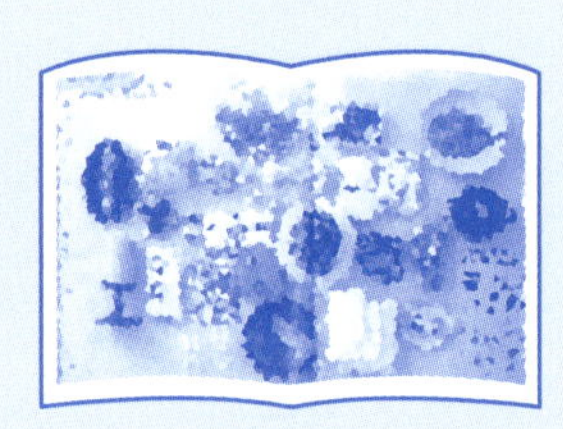

●『CREA』毎年12月号の定番企画「贈りものバイブル」。
●日用品・食雑貨などジャンル別、クリスマスなどシーン別、都道府県別の贈り物が見つかる。

・グルメなものに目がない人のつながり
・クリスマスをともに過ごす大切な人とのつながり
・全国各地にいる勝手知ったる人たちとのつながり

相手の好み・生活・趣味に合わせた手土産・ギフトのセレクト情報によって、人間関係から生まれる消費のシーンが想像できます。

手土産・ギフトならではの消費特性は3つあります。

①バリエーションが豊か
相手の数と贈るシーンの分だけ需要がある。

②関係性が強固
関係性の濃度がそのまま消費の濃度につながる。

③定期性がある
季節イベントを軸に周期的に需要がある。

この3つの消費特性を意識したうえで、いま一度「手土産・ギフト」のページをめくってみると、きっとあなたもお客様に提案できる要素が見つかることでしょう。

『CREA』
20代後半〜40代の知的感度が高い女性を主な対象として、こだわりのあるライフカルチャーを紹介する雑誌。象徴的な特集は、「ひとり○○」（ひとり温泉・ひとり宿・東京ひとりガイド・京都ひとりガイドなど）。未婚・既婚問わず、経済的・精神的に自立している女性向けになっている。主な特集テーマは、「美容・読書・夏休み・コーヒー・朝食」など雑多。毎年12月号の定番企画「贈りものバイブル」の人気が定着。以前から人気の旅行テーマでは、「ハワイ・韓国・台湾・国内」などの特集が組まれる。どのテーマでも、カタログのように規律性のある誌面ビジュアルからお気に入りのものを選ぶ楽しさがある。

⑧ファッションコーディネート

所属コミュニティでの立場からアイテム需要がわかる

雑誌の超活用法、8つめは「ファッションコーディネート」です。

ファッションのコーディネートはファッション誌のベースとなっている企画で、テーマやモデルに合ったスタイリングを見せるコンテンツです。

女性誌ではよく、「着回し○Days」「○○系 VS ○○系」のような見出しで、季節のファッションアイテムを見せる構成を取っています。

読者の実際の人間関係を軸におすすめのコーディネートを見せる誌面づくりを得意としているのが、女子大学生向けのファッションバイブル『non-no』です。ファッションコーディネートの記事を見てみましょう。

『non-no』2018年5月号

4月の好感度ワシづかみ大作戦！

◆ 新生活のSOS解決します！2
先輩がちやほやしたくなる
1女コーデ選手権

◆ 新生活のSOS解決します！3
上級生のための「1女見え回避」
大人っぽコーデ1×10

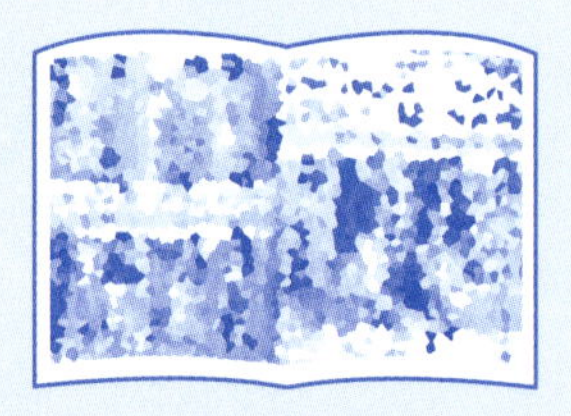

https://nonno.hpplus.jp/magazine?content_id=18041

●大学生のための新学期ファッションコーデ特集。
●上級生・下級生それぞれの立場を汲み、この学年のコはこのコーデ、というおすすめを提案。※1女（いちじょ）＝1年生の女子。

特集では、読者の大学生に向けて、クラスやサークルなどの人間関係を軸に考え抜かれたファッションアイテムが選ばれています。キャンパス内で自分の立ち位置をわきまえ、その中で個性を表現するコーデを指南する。これが『non-no』の基本形です。

このように、読者、すなわち商品・サービスの仮想のお客様が、どんな人間関係に囲まれていて、どんな付き合いをしているかを押さえていれば、コーディネートの組み合せのごとく、良い企画はいくらでも出てきます。

あなたも、ターゲットとするお客様が、職場・学校、あるいは家庭で、どんな立ち位置で過ごしているのかを突き詰められれば、お客様が所属するコミュニティの中で良い関係をキープするための提案が湧いてくることでしょう。

この方法は特に、目的・用途が人の数だけあるものに有効です。同じ商品・サービスでも、人によって様々な使い勝手が生まれます。**その使い勝手が、どのような人間関係に基づくものなのかわかっていると、高い再現性を持つヒット・ブームの企画を立てることができます。**

『non-no』

女子大学生・20歳前後の女性を主な対象として、世代の王道をゆくファッションアイテム・エンタメトレンドを紹介するファッション誌。誌面でよく登場するキーワードは、「今っぽ・女っぽ・大人っぽ」「盛れてる・アガる・モテる」。トレンドに乗り遅れない、キャラ立ちするスタイリングがわかることがウリ。大学生活を楽しむためのコーディネートが満載で、キャンパス・ゼミ・サークル・アルバイト・お出かけ・デートなどのシーンを意識。また、キャラ別(しっかりしてそう・優しそう・好かれる・清楚など)、学年別(1女・2女・3女・4女)を軸にしたスタイリングが豊富で、幅広い読者の立場に合わせてつくられている。

⑨サイト・アプリの機能比較レビュー

消費者目線で 必要な機能がわかる

雑誌の超活用法、9つめは「サイト・アプリの機能比較レビュー」です。

平成生まれのデジタルネイティブ世代は、パソコンを持たない・テレビを持たないという生活も珍しくありません。逆に、欠かせないのはスマホをベースにしたサイト・アプリです。

こうした消費生活全体におけるデジタルシフトの傾向をつかんでおけば、ユーザーに対するアプローチを有利に進めることができます。

サイト・アプリの機能比較レビューは、同一ジャンルの類似サービスを並べて、サービスの使い勝手や料金を見比べるコンテンツです。「電子決済サービス徹底比較」や「英会話アプリ使い倒し術」のような見出しを、皆さんも見たことがあるでしょう。

『日経トレンディ』2018年11月号

Amazon・ZOZO・メルカリ攻略法

Amazon編
◆急ぎの注文ならヨドバシ！？
47都道府県の配達スピードを徹底調査

ZOZOTOWN編
◆どこまで使える！？
全身コーディネートサービス「おまかせ定期便」

メルカリ編
◆スマホもデジカメも意外に売れる。
試してわかった"もうけ方"のコツ

https://trendy.nikkeibp.co.jp/atcl/column/15/1031367/100200056/

●アマゾンVSゾゾタウンの形式で、アパレルショッピングの利便性を、検索性・配送・返品の観点から比較。

●メルカリの利用法を「出品実践ルポ」と題して、出品から配送の各段階で、よりトクする方法をまとめる。

基本を疎かにしないウェブサービスの代表企業に学べ

この手の記事を得意としているのが、モノ・グッズのトレンドを扱う情報誌です。消費・流通のトレンド分析全般を手がける流行情報誌『日経トレンディ』に出ているサイト・アプリの機能比較レビューの記事を見てみましょう。

記事のサイト・アプリの機能比較レビューからは、**"消費者目線で"重視されている使い方**がわかります。

もともとユーザーにとって新しいトレンドは、「使ってみるまでわからない」もの。『日経トレンディ』は編集部が使用経験を誌上ルポすることで、読者はそれぞれのサイト・アプリの長所・短所を把握し、使う・使わないを効率よく判断することができます。

誌面に登場するアマゾン・ZOZO・メルカリは、いずれもユーザーからの支持が厚い企業。各業態を代表するインフラの域に達しています。それらのサービスが消費者目線で何に優れているかわかっていれば、基本的に必要な機能・強化すべき機能の企画が立てられます。

『日経トレンディ』

ビジネスパーソン全般を主な対象として、ヒット商品研究・ブレイク予測を行っている流行情報誌。モノ系・サービス系の両方を取扱い、機能 / スペック比較・価格 / 料金比較・テスト使用の比較を行う。類誌との違いとして、マーケットデータ・企業各社の戦略・現地取材写真など、経済ジャーナル的な視点でつくられた記事が目立つ。誌面で主に取扱う商品・サービスは、モノ系では家電・スマホ・車・食品・日用品・雑貨・文房具、サービス系では旅行・外食サービス・金融商品（株・投資信託・保険）・クレジットカード・ポイントプログラムなど。毎年 12 月号の恒例企画「ヒット商品ベスト 30」が流通関係者に注目されている。

⑩ネットショッピングのティップス

ネットに適した売り方がわかる

雑誌の超活用法、10個めは「ネットショッピングのティップス」です。

ネットショッピングのティップスは、ウェブサービスを賢く・お得に使いこなすためのコツをまとめている記事コンテンツです。

雑誌は基本的にリアルのシーンを題材にしていますが、最近ではウェブ（特にアプリ）を意識した特集記事も増えてきています。あなたが担当するビジネスにおいて、ネットで商品を販売する、ウェブ上で広告を展開するような時には、お客様のデジタルライフがわかっていると、うまく消費の提案に結びつける企画を立てることができます。

運営側も学びになる、インスタグラマーによるネットショッピングのコツ

『CLASSY.』2019年3月号

インスタ有名人が教える"ハズさない"ネット買いルール

ネット買いの達人が教えるマイルール16選

◆ 2 ワイドパンツ、ニットのワンピースは体型を拾いにくいのでネット買いに◎

◆ 5 稼働率の低いイベント服はネットで安く購入する

◆ 9 エコファーや合皮でもここのブランドなら大丈夫！とわかったらリピートして買う

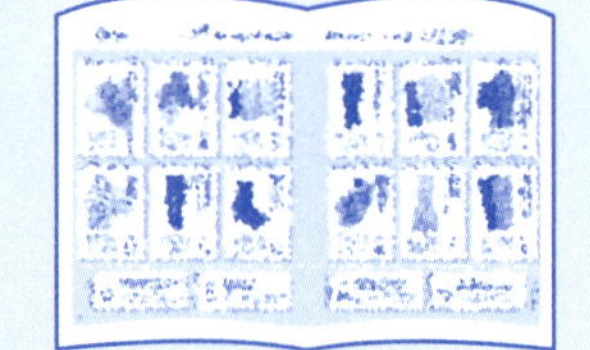

http://classy-online.jp/classy/201903/

●ネットで失敗しないアパレル商品の買い方をインスタグラマーが指南。
●サイズ展開・服の使用頻度・ブランド指名などの観点からルール化。
●ECサイト運営者は「商品の買われ方」を知る参考になる。

ネットショッピングの記事は、前項で登場した家電・PC系のレビュー雑誌が得意としていますが、最近では一般誌でも同じテイストを取り入れ始めています。

30代OL向けファッション誌『CLASSY.』に出ているネットショッピングのティップスの記事を見てみましょう。(※毎号必ずあるというわけではありません)

特集記事からは、(リアルでの買い物に対して)ネットに適した買い物の仕方がわかります。

ネットでは実物が見られないだけに、失敗したら嫌だなというお客様心理が働くもの。運営側にとっては高いハンデです。でも記事中のインスタグラマーの買い方(マイルール)を見ていると、そのハンデを乗り越えるヒントが見えてきます。

もしあなたがネットショップやフリマで洋服を売る立場にあるなら、どういうアイテムがキーになるか、これでわかりますね。

仮にリアルとネットで同じアイテムを扱うのだとしても、ネットに適した商品の売り方があるのです。

『CLASSY.』

30代のキャリアOLを主な対象として、通勤・デート・休日のおしゃれを紹介するファッション誌。35歳くらいまでの独身女性を意識した誌面づくりになっており、「年下彼氏と出会える○○、プロポーズされる○○」など、全体的にモテ・結婚を意識した企画が多い。ビューティー特集も毎回充実しており、コスメ・ダイエット・美容サロン情報を伝える。最近は「ヨガ講師ってどう?」という記事のように、ファッションセンスだけでなく、ヘルシーさ・内面の美を意識した企画も増えている。

Chapter 2

04 リアリティのある お客様ペルソナのつくり方

Introduction

ペルソナって必要？ どうやって活かせばいい？

「ペルソナ」とは、商品・サービスを利用するお客様のイメージを、名前・性別・年齢・職業などの項目からプロフィールにまとめていくものです。マーケティング・セールスの教科書本には高い確率で登場するので、皆さんもよくご存じでしょう。

しかし、ビジネスにおけるペルソナ導入は、「それ、いる？」という効果に懐疑的な企業と、「あるんだけどうまく活かせていない」という活用に苦戦している企業に分かれるような状況になっています。まずはそれぞれのケースの問題点を整理していきましょう。

ペルソナが「共通のお客様イメージ」をつくる

「ペルソナって必要？」

こう疑問に感じている企業では、お客様ニーズをリサーチする必要性は感じていても、わざわざペルソナという形にする必要があるか（そこまで労力をかける価値があるか）というところに疑問がある状態です。
では、そもそもペルソナはビジネスの何を解決するのでしょうか。

その答えは、**部署も拠点も立場も異なるそれぞれの従業員が、「共通のお客様イメージ」を持って仕事ができること**にあります。

皆さんが手がけているサービスには、「30代女性のための」のようなターゲット設定があると思います。しかし、代表的な基本属性である「性別・年代（あるいは地域）」の情報だけで、社内の誰に聞いても同じお客様イメージが返ってくるでしょうか？　また、もし望んでいるイメージとユーザー層が異なる場合、それはサービスをするうえで致命的な状態です。

そこで、来て欲しいお客様を呼び込むために、自分たちで「お客様ペルソナ」をつくるのです。
社内で共通のイメージがあると、企画・開発と営業・販売の関係といった反目しがちなラインが噛み合い、商品や販促を展開する時にも、担当者の主観でのぶつかり合いを避け、全員が納得のいく議論に参加できます。

ペルソナをうまく活かせていない理由

「ペルソナをうまく活かせていない…」
そう実感している企業も多いのではないでしょうか。ペルソナを活かせていない企業は、「つくり方」に原因があります。
通常、ペルソナづくりのパターンとしては、①担当者がウェブ上や本に載っている項目を見ながら項目を埋める、②外部のコンサルタントが業界で標準のひな形を示して、とにかく細かく項目を設定する、という具合につくられることが多くなっています。

　そしてこのケースではたいてい、「つくった後に使わない」「つくった直後にしか見ない」という問題が発生します。なぜなら、そうやって出来上がった"ペルソナ"は、お客様の基本情報を整理した「属性調査」の情報とたいして変わらないからです。見る側としては、特に目新しい情報がない（→だから使わない）、プロフィールを面白くしただけの情報（→だから使えない）となり、結果的にそのペルソナが廃れていきます。

　ここで大事なことは、ペルソナには、「いる情報」と「いらない情報」（あっても使わない情報）があるということです。「いらない情報」（あっても使わない情報）がいくらあっても、肝心の企画は思いつきませんし、逆に、「いる情報」の精度がひとつでも高ければ、そこからたくさんの企画を思いつくことができます。

お客様ペルソナに
リアリティを出す7つの項目

　本節ではこれから、ペルソナづくりに「いる情報」を、7つの項目で解説していきます。

①職業

②出身校

③最寄駅

④名前

⑤写真

⑥好きなブランド

⑦主な利用シーン

なぜこの7つの項目なのかというと、次のような利点があるからです。

①お客様のリアルな志向性・生活感が出やすい

7つの項目は「お客様の生活パターン」と「消費の思考パターン」に大きな影響を与えます。**「いつ・どこで・誰と・どのような過ごし方をするのか」がわかっていると、そこに「どんな商品・情報が必要か」を推測することができる**ので、使えるペルソナになるのです。

②既に一般的な共通理解があるため通じやすい

7つの項目は歴史的・文化的に積み上げられた背景情報を持っています。これを使用することで、バリエーション豊か、かつ、生き生きとしたお客様像を共有することができます。項目数が少なくても全体として成り立つのは、こうした理由によります。

参考までに、完成形のモデルイメージを載せておきます。お客様の個性を描くにあたり、基本属性に加えた7つの項目がどのような役割を果たしているか、注目してみてください。

ショッピングモール×40代男性
誠（まこと）

- 名前：誠（まこと）
- 年齢：48歳
- 未既婚：既婚
- 子どもの有無：有り（娘2人）
- 職業：大手素材メーカー 会社員（部長補佐）
- 最終学歴：同志社大学 商学部商学科
- 世帯年収：1,050万円
- 最寄駅：町田（小田急線）
- 趣味：ゴルフ、家族旅行
- よく読む雑誌：日経おとなのOFF、翼の王国（機内誌）
- 好きなブランド：東急ハンズ（総合雑貨店）、TUMI（ビジネスバッグ）
- 主な利用シーン：仕事中に使えそうなよそ行きの実用的な文具、旅行・出張で使えそうなトランクケース

オープンカフェ×40代女性
直美（なおみ）

- 名前：直美（なおみ）
- 年齢：43歳
- 未既婚：既婚
- 子どもの有無：有り（息子1人）
- 職業：専業主婦
- 最終学歴：大妻女子大学 比較文化学部
- 世帯年収：810万円
- 最寄駅：あざみ野（東急田園都市線）
- 趣味：ジム、ホームベーカリー
- よく読む雑誌：Mart、Hanako
- 好きなブランド：Soup Stock Tokyo（飲食店）、久世福商店（食雑貨店）
- 主な利用シーン：趣味仲間とのランチ会、親との食事（たまに子どもと一緒に）

ダイニングレストラン×30代男性
貴裕（たかひろ）

名前：貴裕（たかひろ）

年齢：35歳

未既婚：既婚

子どもの有無：無し

職業：IT企業 会社員（事業リーダー）

最終学歴：青山学院大学 国際政治経済学部 総合文化政策学科

個人年収：640万円

最寄駅：板橋（埼京線）

趣味：読書、妻の付き添いで行く音楽ライブ

よく読む雑誌：Casa BRUTUS、NewsPicks（ニュースアプリ）

好きなブランド：蔦屋書店（書店）、JAM HOME MADE（アクセサリーショップ）

主な利用シーン：妻とのデート・記念日のお祝い、友人・同僚との飲み会

インテリア雑貨ショップ×30代女性
香織（かおり）

名前：香織（かおり）

年齢：32歳

未既婚：未婚（婚約中）

子どもの有無：無し

職業：外資系法律事務所 会社員（秘書）

最終学歴：立教大学 文学部 英米文学科

個人年収：550万円

最寄駅：学芸大学（東急東横線）

趣味：ピラティス、英会話

よく読む雑誌：FRaU、BAILA

好きなブランド：ZARA（アパレルショップ）、スタジオ・ヨギー（ヨガスクール）

主な利用シーン：友人・同僚への誕生日プレゼント、自宅の部屋・オフィスに置いておける収納小物

①職業 →お客様の興味・関心を定義する

リアリティあるお客様ペルソナのつくり方、1つめは「職業」です。

お客様の基本属性データとして取得する職業の分類は、だいたい次のように区分されます。

①会社員・会社経営者・個人事業主・主婦・学生
②事務職・販売職・研究職
③上場企業勤務・非上場企業勤務

その先は様々であり、データを取得しても集計で活かせません。しかしこれらの項目では、お客様の「立場」は把握できても、「個性」までは推測できません。実際、こうしたデータは「とりあえずユーザープロフィール用に持っている」というケースが多いように思います。

これに対して代表的なお客様像を描くペルソナでは、具体的な職業を設定して、お客様の個性を肉付けしていきます。特にキーとなるのは**「業種」**情報です。業種がわかっていれば、お客様の興味・関心分野を定義しやすくなります。たとえば、「製菓メーカー→食に関心が高い人」、「輸入貿易会社→国際事情に強い人」という具合に、その業種であれば基本的に間違いのないイメージを付与して、お客様の個性をわかりやすくしていきます。

本章ではペルソナの定番項目である「世帯年収」「役職」の決め方について触れていませんが、「職業」をうまく設定できると、連動してアレンジできる項目は多いので、職業の設定にはこだわりましょう。

もちろん、個人が記憶している職業数はたかが知れています。「うまいこと当てはまる職業が思いつかない」という方は、書店の就職本（もしくは業界研究）コーナーにある、**職業図鑑**を参照すると良いでしょう。

参考資料を2つ紹介します。

『日本人の給料大図鑑』
（別冊宝島編集部 編集・宝島社）

●各業種の代表的な有名企業の平均年収を網羅。145 職種・48 業界・118 社のデータを収録。
●タイトルでは給料情報が全面に来ているが、職務内容についても丁寧に書かれている。具体的にお客様の職業イメージを検討していくのにとても便利。

※2016年刊行。書店によっては在庫がない場合があります。

『一生困らない 女子のための「手に職」図鑑』
（華井由利奈・光文社）

●女性のための仕事ガイド本。パティシエ・フライトアテンダント・保育士・歯科衛生士など、女性に人気の職種 100 件を収録。オーソドックスな会社勤め以外の働き方スタイルを探す時に重宝する。
●仕事と家事・育児の両立のしやすさ、同じ職場への再就職の可能性など、多くの女性が気にするポイントをまとめている。

②出身校 →お客様の家柄・気質を定義する

リアリティあるお客様ペルソナのつくり方、2つめは「出身校」です。

ペルソナづくりは、少ない項目の中でいかに多くの個性を表現できるかが、つくり手の腕の見せどころです。この観点からは、出身校、いわゆる最終学歴の設定は、お客様の家柄・気質をイメージしていくのに重要な役割を担います。

最終学歴について、本書では四年生大学卒業者の出身大学で考えていきます。もちろん、学歴には本来様々な個性があり、専門学校や大学院に進む選択肢もありますが、できるだけ読み手が直感で理解しやすいものを設定しましょう。

大学には広く普及しているイメージがあり、特にペルソナでは、有名私立大学の伝統カラーを活かすと組み立てやすくなります。わかりやすい例としては、慶応: 慶応ボーイ・慶応ガール、上智：帰国子女・ミスソフィアなどです。

一時代前に比べると、これらのイメージはステレオタイプな面がありますが、大卒者の多くの人には通用するイメージであり、かつ、本人の家柄・気質が集約されやすい項目なので、ペルソナづくりにはうってつけなのです。

出身大学を設定する際は、「学部・学科」まで設定します。専攻分野は関心領域がはっきりと出るものなので、そのイメージを取り込んでいきます。各大学とも特色のある学部・学科を持っているので、大学のホームページを見て探していると、思いがけずお客様像にぴったり当てはまる専攻分野が見つかることもあります。

とはいえ、「大学のカラーがぱっと出てこない」という方も多いことでしょう。そんな時に役立つのが、この分野のロングセラーである**『大学図鑑！』**です。各大学の学生の気質・家柄・卒業後の進路などがキャッチーに、かつ、ナマの情報をもとに構成されています。学部・学科ヒエラルキー（階層）情報もあり、よりリアルに考えることができます。

『大学図鑑！ 2020』
（オバタカズユキ 監修・ダイヤモンド社）

- 関東・関西の有名私立大学・国公立大学 83 校の特徴をマンガタッチのイラストを全面に配して解説。
- 現役生・卒業生への取材をもとに、キャンパス・学部 / 学科・学生の特徴などの情報をまとめている。

③最寄駅　→お客様の住まい・地域性を定義する

リアリティあるお客様ペルソナのつくり方、3つめは「最寄駅」です。

「住んでいる場所」にはその人の個性が出ます。私たちは自然とエリアを通じて相手の個性や特徴を受け止めるもの。つまりそれくらい、地域性や土地柄は「人となり」を形成するのにもってこいの要素だということ。まさにペルソナづくりに適した項目です。

でも、同じ住所情報であっても、「都道府県」だとイメージが広すぎてしまいますし、「市区町村」だと万人にはわかりづらかったり、土地の区分をぱっとイメージしづらいところがネックです。もちろんこうした情報を押さえつつも、ほど良いレベル感に揃えたいところ。

そこでおすすめしたいのが、「路線」＋「最寄駅」を重視する組み立て方です。

都内の例では、たとえば以下のような住民イメージが想像されます。

下記の例のうち、もし「武蔵小杉」が、「神奈川県」もしく

東急東横線

武蔵小杉：新築の高層マンションに住む世帯年収リッチなファミリー
自由が丘：おしゃれなカフェ・雑貨屋を見て回る街歩きが好きな夫婦
中目黒：都心に近い立地で仕事も遊びもエンジョイしたい地方上京組

京王井の頭線

下北沢：音楽・芸能方面のカルチャーが大好きなひとり暮らしの学生
浜田山：昔ながらの商店街を愛する地元ファミリー
吉祥寺：生活圏で質の高いショッピング・グルメを求める子育て世代

は「川崎市中原区」だったらどうでしょう？　ちょっと住民の個性まではイメージしづらいですよね。鉄道事業と沿線開発はたいていセットで進むので、このイメージを取り込むのが、ペルソナづくりにおいては効率的です。

とはいえ、この「街の雰囲気」というものは、ふだん何となく感じているだけのものでしかないので、言語化しようと思うとちょっと難しいかもしれません。関係者間でイメージをすり合わせるにも共通の見解が必要です。ここはデータブックに頼りましょう。

『沿線格差』
（首都圏鉄道路線研究会・SB 新書）

●首都圏を走る JR・私鉄・メトロ 19 路線の特徴をデータをもとに解説。
●沿線地価・ブランドタウン保有率・接続路線数・混雑度などのデータ＋沿線開発の歴史から、各沿線住民のライフスタイルを読み解く。

『東京ルール』
（都会生活研究プロジェクト・KADOKAWA）

●地域独特の県民性・街中のマイルールを解説。
●北海道・仙台・群馬・埼玉・東京・静岡・名古屋・京都・大阪・神戸・広島・博多・沖縄など既刊多数。

④名前 →お客様の印象・人柄を定義する

リアリティあるお客様ペルソナのつくり方、4つめは「名前」です。

ペルソナには必ず名前をつけてください。名前をつけないとたいていの取り組みはすぐに廃れていきます。**名前はあったらいい情報ではなく、必須情報**なのです。

主な名づけ方には2種類あります。

①もじり法

「もじり法」は、イメージモデルとする人の名前からもじる方法です。イメージづくりにおいて参考にしたタレント・モデル・アーティストから名前のモトを拝借して、漢字やひらがなの文字の組み合わせ、音の響きから受ける印象を考慮して決定していきます。

高貴なイメージ・活発なイメージ・愛嬌あるイメージなど、名前が持っているパワーをペルソナの人格に取り込むことができるので、私はこのパターンでつくることが一番多いです。

ただし、名前の元のイメージが知られすぎていると、強いバイアスがかかってしまうので注意してください。

②生年月日逆算法

「生年月日逆算法」は、イメージモデルが生まれた年付近の子どもの命名ランキングを参照する方法です。

お客様の年齢情報（生年月日）から利用が多い年齢層のボリュームゾーンを特定します。特定できたらその生まれ年を西暦で割り出し、「生年別子どもの名前ランキング」を見てターゲットの生まれ年付近で上位に来ている名前を調べます。たいていは3～4年ごとに代表的な名前が固まっています。そのうち理想のお客様イメージに合った名前を選びます。

明治安田生命
生まれ年別名前ランキング
http://www.meijiyasuda.co.jp/enjoy/ranking/
生まれ年別に男女の名前のベスト10を見ることができる。

⑤写真 →お客様の外見・系統を定義する

リアリティあるお客様ペルソナのつくり方、5つめは「写真」です。今までまとめてきた「代表的なお客様像」を表す写真を選びます。

写真は、現場活用の際に真っ先に思い起こされる情報記号です。「あの髪の長い女性のタイプのイメージ」というような、ペルソナの記憶をたどるためのアイコンの役目を果たします。

また、ここまで見てきた項目は最終的に、外見・表情のイメージ、ファッションやキャラクターなどの系統に集約される面があるので、ビジュアル情報があるだけで、ペルソナの説得力がまったく変わってきます。

写真は写真素材サイトから探します。ペルソナづくりにおいて写真は重要なので有料でも費用はかけましょう。

有料とはいえ、すごく費用が高いわけでもありません。1モデル5,000円～10,000円程度のものを選ぶと良いでしょう。

写真素材サイトの中では、「アフロ」がおすすめです。人物写真のモデルカットが抜群に良いうえに、素材サイトにありがちなわざとらしいポージングのものが少なく、そのまま使用して十分に映えます。

またこのサービスは、画像検索機能が大変優秀で、「人数・モデルの向き・写っている体の範囲・モデルの表情」などの細かな検索補助機能が備わっています。素材サイトにありがちな大量の画像を次々とページ送りする手間が省けるので、デザイナーとして自分がふだんこのサイトを使っていなくても、短時間で目的の画像にたどり着くことができます。

写真素材・動画素材のアフロ
http://www.aflo.com/
人物写真のモデルカットの良さ＋人物検索からの選びやすさで、使い勝手は◎。

⑥好きなブランド →お客様の好み・タッチポイントを定義する

リアリティあるお客様ペルソナのつくり方、6つめは「好きなブランド」です。

ここまでの5つの項目によって、「お客様の生活パターン」はだいぶ見えてきました。ここからの2つの項目では、「消費の思考パターン」となる材料を集めていきましょう。

最初に、本項のトピックである「好きなブランド」について解説します。通常、ブランドというと、衣料品・バッグ・アクセサリーなどアパレルのメーカー（いわゆるブランドもの）を指すことが多くなっています。

本項ではもう少し広い概念でブランドを捉え、商品・サービス・店舗・サイト・会社など、ビジネスに関連している銘柄をすべてブランドとみなしていきます。

ただしこの項目は、「消費の思考パターン」につながるもののみで構成します。つまり、ブランドであれば何でも良いわけではなくて、①自社が展開するビジネス業態そのもの、もしくは、②ビジネスのヒントになり得る業態のブランドに厳選するようにします。

本節冒頭に示したペルソナモデルを2つ使って、実際に解説しましょう。

オープンカフェ×40代女性
直美（なおみ）

好きなブランド

①「Soup Stock Tokyo」（飲食店）

ひとりでも入りやすい店構え、入れ替わり楽しめるスープのメニュー、1メニューあたりのボリューム感、こうした工夫が女性にはちょうど良い店。

②「久世福商店」（食雑貨店）

和の調味料・だし・ごはんのお伴が所狭しと並ぶ店内に、全国各地から集めた食の名品・懐かしいタイプの和菓子がプチギフト用にもぴったりの店。

➡こうした好きなブランドのあり方から、オープンカフェとしてできることは？

メインとなる友人連れのシーンだけでなく、ひとりでも入りやすい空間づくり・接客対応を心がけたり、調味料や味付けにこだわって、同じくキッチンに立つ機会が多い40代女性の心をつかむ工夫ができそう。

インテリア雑貨ショップ×30代女性
香織（かおり）

好きなブランド

①「ZARA」（アパレルショップ）
個別の商品は短期で入れ替わるファストファッションブランドでありながら、商品のサイズ・カラー・スタイルは常に統一されていて、アイテムを組み合わせたコーディネート展示も豊富なため、いつ入ってもわかりやすい売場展開が特徴。

②「スタジオ・ヨギー」（ヨガスクール）
ピラティスのレッスンコース、からだのつくり方・見せ方へのこだわり、インストラクターの高いティーチングスキル、こうした特徴により、初心者から経験者まで長く楽しめるスクール。

➡こうした好きなブランドのあり方から、インテリア雑貨ショップとしてできることは？

コーディネート展示で商品使用例を見せる陳列にする、姿勢改善・体幹強化にきくアイテムの品揃え強化といった工夫ができそう。

このように「好きなブランド」の項目は、①自社が展開するビジネス業態、②ビジネスのヒントになり得る業態、両方におけるブランドが持つロジックを活かして、総合的にお客様の好みを理解していくことに役立てます。

想像のみで考えるとブレやすくなるので、アンケートとインタビューを組み合わせて、実際のお客様情報を意識しながらつくるのがコツです。

また、この作業は自社本意で設定する「競合他社のベンチマーク」とは異なります。つまり、必ずしも同業他社を好きなブランドとして設定していくわけではありません。あくまでお客様本意でブランドを設定することで、お客様の好みとタッチポイント（アプローチの接点）への理解を深めていきます。

⑦主な利用シーン　→お客様にとってベストな利用法を定義する

リアリティあるお客様ペルソナのつくり方、7つめは「主な利用シーン」です。

いよいよ自社の商品・サービスとお客様ペルソナとの直接的な関係を考える項目になってきました。
「主な利用シーン」は「好きなブランド」と同様に、アンケートとインタビューを組み合わせて、お客様からのヒアリングをもとに組み立てていきます。

商品・サービスの用途はお客様の数だけあるものですが、そのうち代表的なものを選出して、お客様にとってベストな利用法を定義しましょう。そしてただ定義するだけでなく、「ベストな利用法を実現するにあたりどんな工夫ができるか？」も同時に考えます。

本節冒頭に示したペルソナモデルを2つ使って、実際に解説しましょう。

ショッピングモール×40代男性
誠（まこと）

主な利用シーン
①仕事中に使えそうな
よそ行きの実用的な文具

②旅行・出張で
使えそうなトランクケース

お客様の好きなブランドは「東急ハンズ」（総合雑貨店）、「TUMI」（ビジネスバッグ）であることから、ビジネス・プライベートとも総合的に使えるモノを揃え、質が良いことで評判のブランドネームのあるテナントを誘致できると良さそう。

➡主な利用シーンである、仕事中に使えそうなよそ行きの実用的な文具、旅行・出張で使えそうなトランクケースに対しては、豪華一点買いが成立するよう、文具なら新年度前・異動シーズン、旅行なら夏のハイシーズン前にポイント倍増フェアなどで後押しする販促を実施する。

ダイニングレストラン×30代男性
貴裕（たかひろ）

主な利用シーン
①妻とのデート・記念日のお祝い
②友人・同僚との飲み会

お客様の好きなブランドは「蔦屋書店」（書店）、「JAM HOME MADE」（アクセサリーショップ）であることから、裏路地にひっそりとありそうな佇まい、ガチャガチャとしておらず、ゆっくりと過ごせる店内がハマりそう。同時に、空間や商品に特別な意味づけを持たせられるとベスト。

➡主な利用シーンである、妻とのデート・記念日のお祝い、友人・同僚との飲み会に対しては、エントランスからダイニングに向かうまでのおこもり感、クローズドな環境下でのオープンな雰囲気づくり、職人ならではの調理法、由緒ある食器などを揃えられると良さそう。

このようにお客様を軸に、あらゆるビジネスの要素を点検することで、内装はこれでいいのか？　接客はこれでいいのか？　販促はこれでいいのか？を見直すことができます。

この点検がないと、1月上旬は福袋、1月中旬〜下旬は買い控えがあるので何もなし、2月上旬はセール、2月中旬はバレンタイン、その後はまたしばらく何もなし、といったような、型にはまったパターンに落ち着いていきます。

もちろん、ベーシックな企画・販促は必要です。しかし、中身がお客様向けになっているか？　他にも自社だったらお客様向けの提案が可能なのではないか？ということを考え続けることが必要です。

「お客様ペルソナ」は、「お客様にとってベストかどうか」という観点から、運営の良し悪しを問いただすとともに、貴重なアイデアを投げかけてくれる、お客様と企業の間に立つ貴重な存在なのです。

マーケットトレンドのリサーチ

Chapter 3

01 競合情報に強くなる！ライバル企業チェックリスト

Introduction

マーケット分析は他社の公開情報だけでも十分通用する

ビジネスシーンにおける主要ミッションのひとつとなる仕事に、**「マーケットトレンドのリサーチ」**があります。この仕事に、皆さんはどんなイメージを持っているでしょうか。

調査会社や広告代理店に依頼してマーケットレポートを作成してもらうこと？

シンクタンクや業界団体が発行する業界白書・産業年鑑を見ること？

企業分析のためのデータベースツールで他社プロフィールを照会すること？

いずれも"正解"なのですが、お金がかかりますよね。その分だけ貴重なデータであることは間違いないのですが、昨今は成果を出す前の先行投資に会社理解を得るのは難しくなってきています。

そこで、自分が見たり聞いたりしてわかる範囲のことを外注レベルでまとめる手法をご紹介しましょう。マーケット情報の価値が理解されると、周りの見方が変わってくるので、まずは自分が始めてみることが大事です。

情報の価値は、「見るべき場所」と「見方」で決まる

そうはいっても自分だけで費用をかけずに実施するとなると、できることも限られます。

そこで本節を通じてお伝えするのが、**競合他社のウェブサイト（サービスサイト＋コーポレートサイト）をひたすら見る**という超古典的な手法です。これならウェブ上の公開情報を参照するだけなので、すぐに着手できてコストもかかりません。

それだけに、あまりたいした情報は載っていないのではと思うかもしれませんが、実は、基本情報を収集するだけでもけっこうなボリュームになります。

要は、どの情報をどういう角度で見るかで情報の価値が決まってきます。価値を生み出すために、ウェブサイトの中で**「見るべき場所」**と**「見方」**を学んでいきましょう。

また、作業工程ではライバル企業を１つひとつ個社で見ていくアプローチを取りますが、分析工程では業界のプレイヤーをずらっと並べて同じ項目で比較することがポイントです。こうすることで、ただの企業研究ではなく、マーケットトレンドが見えてくるようになります。

それでは、マーケットトレンドをつかむライバルサイトのチェックリストを見ていきましょう。

①グローバルナビ

ライバル企業がどこに向かっているかを突き止める

「サービスサイト」は、競合企業が運営するサービスのウェブサイトそのものを指します。

ビジネスのメインがウェブにある企業の場合は、ECサイト・予約サイト・ポータルサイト・オンラインメディアなどが該当します。また、ビジネスのメインがリアルの場合でも、サイト活用は戦略上重要なので動きをチェックしていきましょう。

一般的に競合企業のサービスサイトを研究する際には、コンテンツ・デザイン・ユーザビリティなどが論じられます。つまり、どんな機能が実装されているか、使い勝手はどうかといった観点からチェックします。もちろんこれらは大事な論点です。

ただ、マーケットリサーチで一番大事なことは、**ライバル企業の方向性がどこに向かっているのかを突き止めること**、この一点に尽きます。コンテンツ・デザイン・ユーザビリティは後追いすることができますが、その方向性がわかっていないといけません。

本項と次項では、競合のサービスサイトから**サービスのベクトル（方向性）を見抜く技法**を紹介します。

勝負ドメインがわかる

ライバル企業のチェックリスト、1つめは「グローバルナビ」です。

「グローバルナビ」とは、サービスサイトのトップページ上部に配置されているバーを指します。モノを扱う物販タイプなら商品カテゴリ、コトを扱うサービスタイプなら展開エリアを選ぶバーになります。

グローバルナビはトップページの中でも最も目立つ場所にあ

ります。つまり、ここに表示される商品カテゴリ・展開エリアは、各社がキラーコンテンツとしてプッシュしたいという意思が最もよく表れています。

競合のサービスサイトのトップページを開いたら、商品カテゴリの商品点数、もしくは展開エリアの掲載件数をチェックしましょう。

分析のポイントは次ページの表に、ECサイトと予約サイトを例にしてまとめました。

まとめた表をもとにサイトを見ていくと、次の3点が類推できます。順に見ていきましょう。

①何で勝負しようとしているのか？

「何で勝負しようとしているか」は、商品カテゴリ・展開エリアそのものです。ここでは、品揃えの幅の広さ＝「セレクション」をチェックしましょう。競合企業が"やる"と決めた範囲なので、そこから他社が志向している事業ドメインがわかります。

②どれくらい本気なのか？

「どれくらい本気なのか」は、商品点数・掲載件数に表れます。分析の例示のように、他社平均に比べて突出した要素があれば、その部分において他社が目指すビジネススケールがわかります。

③どこがうまくいっていないのか？

逆に、「どこがうまくいっていないのか」は、「項目として存在していても中身が感じられない」部分から読み取れます。営業期間が短くない中でその状態にあれば、うまくいっていない、突破口が開けていない可能性が高いのです。

グローバルナビのチェックポイント　ECサイトの場合

●カテゴリを成り立たせるに足る商品点数は十分にあるか？

例：メンズファッションサイト→アクセサリーカテゴリはあるが実際は少数→脅威ではない

●突出している件数のものはあるか？

例：総合ファッションサイト→自社開発のアウトドアバッグの商品点数が多い→キラー商材を持っている

●同業態では珍しいカテゴリ展開はあるか？

例：レディースファッションサイト→水着カテゴリの取扱いがある→独自性を持っている

グローバルナビのチェックポイント　予約サイトの場合

●カテゴリを成り立たせるに足る件数は十分にあるか？

例：北海道エリア→エリアカテゴリが存在はしていても実際の掲載件数は少数→脅威ではない

●突出している件数のものはあるか？

例：レストランサイト→レストランの中でもホテル内レストランに強い→キラー商材を持っている

●同業態では珍しいカテゴリ展開はあるか？

例：ビューティーサイト→美容クリニックの紹介をしている→独自性を持っている

②メタタグ

ベンチマークキーワードがわかる

ライバル企業のチェックリスト、2つめは「メタタグ」です。

サイトの裏側には検索エンジン向けにキーワードを登録しておく場所があります。この場所はホンネもタテマエも一致していなくてはいけない箇所なので、**ここを見ればライバル企業が真に目指しているものがわかります。**

参照の仕方は簡単です。マークするサイトのトップページを開いたら、マウスを右クリックして「ページのソースを表示」コマンドを選びます。出てきたページのソースコードの中から「メタタグ（meta name＝"○○○○"）」を探します。ここがサイトのキーワードを登録しておく場所です。

メタタグにはいくつか種類がありますが、次の2つをマークしておきましょう。

「description」と「keywords」を見ると、登録されている業態・顧客・商品などを通じて、ライバル企業のベクトルを読み取ることができます。

メタタグ

description
サイトの説明文→コンセプト・業態・特徴など

keywords
サイト内で重視しているテーマ→カテゴリ・エリア・商品・サービス・用途など

description < 例 >

////
(ショップ名) は、(運営企業名) が運営するライフスタイル雑貨店です。
(コンセプトワード)をコンセプトに、ライフシーンをトータルサポートする生活雑貨をセレクト。
差し入れ・手土産・パーティー・歓送迎会などに役立つギフトを取り揃えています。
(商業施設名) 7F。
////

keywords < 例 >

////
ショップ名
運営企業名
商業施設名
プレゼント , ギフト , 差し入れ , 手土産 , 贈り物
インポート菓子 , キッチン雑貨 , ステーショナリー , トランクケース
////

③サービスイン時期

マーケットでの競争力がわかる

ライバル企業のチェックリスト、3つめは「サービスイン時期」です。

「サービスイン時期」は、**○年○月に（商品・サービス）をスタートした**、という情報です。

この情報、店舗数や会員数などに比べたら、あまりチェックする機会はないかもしれません。しいていえば、急に出てきた新興勢力の企業を確認する時くらいです。

でもこの情報は、単に「古くからやっている、もしくは、新しく出てきた」という事実情報を認識するだけではありません。ライバルの**「競争力」**を読み解くことができるのです。

見るべきポイントは次の2つです。

①サービスが生まれた時代背景

1つめは、**「サービスが生まれた時代背景」**です。

典型的な時代背景としては、ウェブユーザーが使うメインデバイスの進化、アドテクノロジーの進化、SNSメディアの台頭などがあります。**これらの背景情報はそのままサービスの強みを理解することにつながる**ので、「サービスイン時期」は侮れないのです。

たとえば「クラウドファン

サービスイン時期を見る時のポイント

①サービスが生まれた時代背景→ブランドイメージの強さを知る
（例：ウェブユーザーが使うメインデバイスの進化、アドテクノロジーの進化、SNSメディアの台頭など）

②同時期に開始した競合同期の現状→業界内での競争力を推し測る
（例：先行逃げ切りで現在に至る、後発ブレイクで現在に至る、老舗だが落ち目で現在に至る）

ディングサイト」は、いくつかの有名サイトのサービスイン時期や、業界全体の話題性や成長率をもとに考えると、2011年が「元年」と認識されています。

この年に起きているのが、東日本大震災です。そして国民の熱心な復興支援ニーズの受け皿となる形で、各サイトで数々の復興支援プロジェクトが多くの支援金を集め、クラウドファンディングの成功事例として認識されるようになりました。

「寄付文化が薄い」と言われる日本でも復興支援パワーを取り込み、震災前後にオープンしたサイトは現在も「災害復興・地域振興」が看板カテゴリとしての役割を果たし続けています。

②同時期に開始した競合同期の現状

2つめは、**「同時期に開始した競合同期の現状」**です。

同時期にスタートした同期サービスが現在どういう状態にあるのかを把握できると、**業界内での競争力を推し測ることができます。**大まかなパターンとしては、先行逃げ切りで現在に至る、後発ブレイクで現在に至る、老舗だが落ち目で現在に至る、などの動きがあります。

引き続きクラウドファンディングサイトを例にすると、サイバーエージェントグループが運営する「マクアケ」は業界の台風の目になりました。当時、既に有力サイトが様々なテーマ領域を取り込んでおり、ある程度やりつくした感はあったのですが、「マクアケ」はここに割って入る形になり数々のヒット&ブームをつくり出して業界トップクラスの売上規模を誇るサイトにまで成長しました。同期サービスの現状を考えると、いかに地力があって成長を遂げたのかをうかがい知ることができます。

④所属企業グループ

成長ポテンシャルがわかる

ライバル企業のチェックリスト、4つめは**「所属企業グループ」**です。

サービスは規模が一定以上になると、いずれかの企業グループに所属することが多くなっています。個社単独で伸ばせる成長率には限度がありますが、企業グループに加盟することで成長率を劇的に変えることができます。つまり「所属企業グループ」の情報からは、**サービスの「成長ポテンシャル」を読み解くことができます。**

「所属企業グループ」で見るべきポイントは次の5つです。

サービスの所属企業グループを見る時のポイント

①メディアグループ系➡メディアでの発信力・相互宣伝活動

②企業アライアンス系➡共通のポイントネットワーク

③携帯キャリア系➡日本全国のユーザーネットワーク、安心安全のブランド、決済利便性

④外資グループ系➡グローバル商圏、グローバルスタンダード

⑤独立系➡ユニークネス、ブランド純度、スピード

所属企業グループの構成を見ながら、グループのリソースを活用した時に生まれるエンドユーザー・企業クライアントの広がりを想像しましょう。グループが保有するエンドユーザー・企業クライアントの**絶対数**はもちろん大事ですし、**ターゲット属性**（コアターゲットが増える・ポテンシャルターゲットが増える）、**マーケット展開**（都心に出る、郊外に出る、海外に出る）、**ブランドイメージ**（より強化される・新しいイメージが付く）などがどのように強化されるかを考慮に入れます。

⑤売上推移

規模感と成長性がわかる

ライバル企業のチェックリスト、5つめは**「売上推移」**です。

売上データは**直近3ヵ年の「売上推移」をマークします。**会社概要ページでは前年度実績のみの記載しかない企業も多いのですが、単年度実績だけだとどうしても「売上数値が大きい・小さい」の考察しかできません。ですので、この情報については財務状況のページも参照してください。

3ヵ年の「売上推移」を集めることで、**「規模感」**と**「成長性」**を読み解くことができます。

サービスの規模感を見る時のポイント

- **①同じカテゴリ内での比較**　**例：アパレル業界内での比較**
- **②同じサービスモデル内での比較**　**例：クチコミサイト内での比較**
- **③同じサービス開始年での比較**　**例：2000年前後にサービスインしたサイトとの比較**

まず、「規模感」で見るべきポイントは上記の3つです。

売上の規模感は、対象企業単体で捉えず、いくつか比較軸を用意します。ここでは、カテゴリ内での比較、サービスモデル内での比較、サービス開始年での比較を用意しました。これらの比較軸に沿って売上推移を見ていくと、対象企業の企業努力がよくわかります。

すなわち、業界が伸びている時に平均成長率以上に伸びていたらすごいことですし、業界が低迷している時に平均成長率を維持していたらたいしたものです。これらの考察は3ヵ年の売上推移を見ていることで気づくことができます。

次に、「成長性」で見るべきポイントは右記のようになります。

売上が前年比アップトレンドになっている企業は、素晴らしい活躍をしているといえます。増加傾向の企業の好調度合いがわかったら、**好調要因の把握**をします。好調要因を調べる時は、部門別の売上構成比情報やトップメッセージなどを確認します。ひと口に好調といっても展開するすべての事業が好調な企業はまれなので、**「稼ぎ頭」の部門が何であるか**を突き止めていきましょう。

逆に、ダウントレンドになっている企業は、**不調要因と不調度合い**を把握します。不調要因を調べる時は、好調要因ほどにはエビデンスを見つけにくいものですが、直近3ヵ年のうちどこかで対策となる施策を打ってきているはずなのでそれを見つけるようにします。

サービスの成長性を見る時のポイント

①**増加傾向（好調度合い→好調要因の把握）**

②**横ばい（拡大意向の把握）**

③**減少傾向（不調度合い→不調要因の把握）**

売上が横ばいの企業は、**拡大意向があるかを把握**します。事業を行う以上、拡大意向があるのは当たり前ですが、既に頭打ちになっていて先の展開を描けず、横ばいを維持しているケースもあります。もし3年続けて横ばいになっているなら、さすがに自然な結果とはいえず、リソースをそこに集中していないか、生かしも殺しもしない状況になっているか等、何か自然ではない理由があると推論します。

⑥営業所リスト

エリア戦略がわかる

ライバル企業のチェックリスト、6つめは**「営業所リスト」**です。
「営業所リスト」は、ぱっと見では拠点住所が並んでいるだけに見えます。ですが、展開パターンと照らし合わせて見ると、ライバル企業の**「エリア戦略」**を読み解くことができます。

「営業所を構える」とは、すなわちそのエリアを本気で掘り下げていこうとする意思表示です。対象企業が現在どのレベル感でエリア展開をしていて、今後どこに出ようとしているのかを予測します。

「営業所リスト」で見るべきポイントは次の4つです。

ライバル企業の営業所リストを見る時のポイント

①東京・大阪型
➡東日本・西日本で分ける、地域の代理店活用や企業間提携状況

②大都市集中型
➡北海道・仙台・東京・名古屋・大阪・広島・福岡などの大都市単位

③全国津々浦々型
➡全都道府県制覇、地域ブロック制（例：北関東・南関東）

④海外型
➡海外各国、日本事業の位置づけ

①東京・大阪型

東京・大阪に本社を置いて、本社から全国をコントロールするパターンです。主な対応手法には、地域の代理店活用や企業間提携があります。拠点数を最小限に留める企業は、どのような体制で全国をカバーしていこうとしているのかに注目します。

②大都市集中型

東京・大阪・名古屋・福岡などの大都市単位で出店していくパターンです。東京・大阪・名古屋とくれば、次のエリア展開は福岡が有力であり、今後目指す出店エリアにある程度予測が立てられます。

③全国津々浦々型

全都道府県制覇を目指して、地域ブロック制を敷くパターンです。サービスの成長とともにエリアがどんどん細分化されていくので、表示されているエリア単位に注目します。なぜエリアの単位に着目するかというと、企業の目標予算は営業拠点ごとの市場に応じて傾斜配分されることが多く、販促予算もそれに準じることが多くなっているからです。つまりエリア単位を把握していると、販促プロモーションがどのレベルまで細かく実施されるかを類推できます。

④海外型

海外（本国）がメインで、日本事業を展開しているパターンです。ネットやスマホの普及に合わせて優先展開を決めたり、本国との商慣習が大きく違わない国から優先展開を決めるので、日本がその中でどういう位置づけなのかを確認します。

⑦サービスモデル×ビジネスモデル

収益モデルがわかる

ライバル企業のチェックリスト、7つめは**「サービスモデル×ビジネスモデル」**です。

本項と次項では、**「決算説明会資料」から収益モデル・成長モデルを見抜く技法**を紹介します。

決算説明会資料は、グラフや写真など図表を取り入れたプレゼンスライド形式が基本となっており、株主向けに平易な解説がされているので、初見でも読みやすくなっています。

この資料は業界他社にとって重要情報のオンパレードで構成されており、特に**「どのように稼いでいるのか？」「これからどう伸ばしていくのか？」**という、業界従事者から見て気になるトピックに正面から答えている点が見どころです。

手順としてはまず、「サービスモデル」を確認します。

サービスモデルを見る時は、**メインの事業とサブの事業を把握**します。たとえばウェブサービスの代表的なサービスモデルを大まかに分類すると下記のようになります。

事業構造をメインとサブに分けて把握する意味は、自社目線では同じ土俵で競合していて

ウェブサービスの代表的なサービスモデル

- メインサイト（メイン）
- サテライトサイト（サブ）
- 有料会員サービス（サブ）
- BtoB サービス（サブ）
- 実店舗（サブ）
- フリーマガジン（サブ）
- 海外事業（サブ）

も、競合側では意外とそうではないことがあるからです。それはたとえば、もともと海外事業が主力の外資系、有料会員サービスに強いサイト、BtoBサービスが好調の企業などが該当します。直接競合する事業だけではなく、競合の収益源がどこかを見分けるようにしましょう。

予約サイトのビジネスモデル（課金形態）

ストック型

例：広告費として月額○万円・年間契約で○万円

成果報酬型

例：送客手数料として売上の○%をシェア・1人につき○円をシェア

次に、「ビジネスモデル」を確認します。

ここでいうビジネスモデルとは、**「課金形態」**のことを指します。物販タイプのビジネスではシンプルな売買形式となりますが、予約サイトの場合は「ストック型」と「成果報酬型」に分かれます。

ビジネスモデルを見る時は**課金の基準を把握**します。広告費なのか手数料なのか、売上に対してか人数に対してか、月単位か年単位か、などを見ていきます。それがマークできていると、自社にとって適正な価格を検討する良い判断材料になります。

⑧独自KPI（重要目標達成指標）

成長モデルがわかる

ライバル企業のチェックリスト、8つめは**「独自KPI（重要目標達成指標）」**です。

競合企業が何をもって差別化しようとしているかは、同じく決算説明会資料から探ることができます。着目するのは、「独自KPI」です。

「KPI（key performance indicator）」とは、組織・部署・業務単位で目標として定める達成指標のことをいいます。成長に意欲的な企業の決算説明会資料では、企業独自に重視しているKPIの掲載があります。具体的な例は次の通りです。

ウェブサービスにおける独自KPIの例

オーガニック製品を主力とする物販サイト
➡「商品売上に対する環境保護団体への寄付率」

予約サイト
➡「累計予約件数」

クチコミサイト
➡「クチコミ投稿件数」

ご覧の通り独自KPIは、サービスモデルがまったく同じでもない限り、他社のものを真似ても無意味です。つまり、売上・利益を追求する最終目標は同じでも、**「何をもってユーザーから支持を得て成長していこうとするのか」は独自KPIに表れる**のです。独自KPIを通じて成長モデルがわかっていると、**事業活動・投資判断**の根拠がわかるようになります。

⑨ニューストピック

得意なプロモーションタイプがわかる

ライバル企業のチェックリスト、9つめは**「ニューストピック」**です。

競合各社は概ね、「得意なプロモーションタイプ」を持っています。テレビや交通広告でよく見る、お客様イベントをよく開催している、業界紙にやたら登場するなど、このやり方はうまいな」と印象に残る企業があるでしょう。しかし、その印象をそのまま放置すると、すぐに忘れてしまいます。きちんと整理して情報資産に残しましょう。

そこで役立つのが**「ニュースリリースページ」**です。公式サイトの「ニュース・お知らせ」と名の付いているページで、ここの過去トピックを一気に読み込むことで、各社の得意なプロモーションタイプがわかります。

プロモーションタイプの例

- **メディア露出がうまい**
- **リアルイベントに強い**
- **会員の囲い込みに強い**
- **コラボで人気（同業企業・業界団体・自治体）**
- **TVCM・交通広告などのメディアミックスに強い**

面白いもので、すべての手法に強い企業というのはまれで、いずれかを好んでひたすらやり続ける傾向があります。ページの中に定期的にイベントの開催報告が出ていれば、それが競合企業の得意なプロモーションタイプになります。

もしそうしたイベント開催情報とその後の成果を知っていれば、自社でプロモーション施策を検討する際、その戦法が本当に有効だったのかを参照することができます。

プロモーション施策はとかく、業界のトレンドに「右に倣え」で追随しがちなのですが、他社が得意なタイプを整理できていると、「(ウチは) やる・やらない」を冷静に判断することができます。

⑩会員サービス

魅力的なサービスモデルと特典がわかる

ライバル企業のチェックリスト、10個めは**「会員サービス」**です。会員サービスで注目すべきポイントは2つあります。

①サービスモデル

1つめは、「サービスモデル」です。

会員サービスの代表的なサービスモデルには、会費制とステージ制があります。

「会費制」は有料会員を組織するモデルで、月額課金もしくは年会費を徴収してサービスを提供する形態です。わかりやすいものとしては次のサービスを覚えておくと良いでしょう。

- **クックパッド プレミアム会員（月額280円、204万人、2019年4Q実績）**
- **食べログ プレミアムサービス（月額300円、100万人、2019年3月実績）**

ユーザーの立場になれば明白ですが、月額課金にせよ年会費にせよ定期的な課金を受け入れてもらうにはかなりの魅力的なサービスが必要です。しかしそこを乗り越えて、ユーザーに喜ばれるようコンテンツを磨き上げれば、時に広告収入を上回る収入源になります。

ビジネスのタイプは違えど、「嵐」のファンクラブ会員数が250万人（※2019年1月現在・年会費4,000円）であることを考えると、前出サービスの有料会員数がいかにすごい数かわかります。

「ステージ制」は利用実績に応じてランクが付与されるモデルで、利用期間・利用金額に応じて提供サービスが変動するタイプです。ステージ制の運用はやや複雑なのでここでは紹介するに留めますが、一般的には「ANAマイレージクラブ」が代表格で、ウェブ企業では「一休プレミアサービス」や「オイシックスVIP会員」があります。

②特典

2つめは、「特典」です。

サービスモデルが会費制にせよステージ制にせよ、行き着くところは特典の中身なので、こちらの方が実質的な施策に当たります。割引・プレゼントをはじめとする特典の中身は企業により様々ですが、概ね右に記載したようにタイプ分類できます。

この分類をもとに、同一業態で会員サービスを運営している他社が、どんな特典を用いてお客様を囲い込んでいるか、チェックしてみてください。

特典のタイプ

優待情報➡特選品・限定商品の紹介

優先利用➡優先予約・優先枠・優先受付・独占利用

デリバリー便宜➡配送無料・配送短縮・移動補助

コンシェルジュ➡専用窓口・専用担当・手配代行・個別挨拶

イベント招待➡優先招待・独占企画・特別セミナー・個別相談会

限定コンテンツ➡会報誌・特別メッセージ

割引・ポイント還元➡優待割引・クーポン付与・還元率アップ・ボーナスポイント付与

アップグレード➡座席・部屋・車種など

機能カスタマイズ➡機能拡張

オリジナル特典➡名入れ品・ノベルティ付与

期日条件緩和➡期間延長・年末年始利用

提携サービス➡提携サービス利用

⑪求人ポジション

組織力がわかる

ライバル企業のチェックリスト、11個めは**「募集中の求人ポジション」**です。

他社の「採用ページ」は、転職活動でもしていない限りあまり見ないかもしれませんが、このページには事業活動と同じくらい大事な**「組織力・自走力」**を知るヒントがあります。組織力・自走力が備わっている企業は困難を突破する能力が高く、仮に規模や体力で劣っていても、目覚ましいスピードで躍進する資質を持っており、自社にとっての脅威となります。

採用ページの「求人情報」には、「現在このポジションを募集しています」という案内が出ています。この求人要件をあらためてライバル分析の視点で眺めてみると、競合企業の事業推進への本気度と、基礎となる組織力が手に取るようにわかります。

まず、**「募集人数」**からは、そのサービス・インフラへの力の入れ具合がわかります。たとえば特定分野のエンジニアの募集が出ていれば、そこに力を入れていきたいことがわかりますし、それが複数名の採用計画であればかなり本気です。

次に**「採用要件」**からは、そのサービス・インフラの規模感、担当スタッフの技能的なレベル感がわかります。求めているスペック・待遇・条件の基準は外からでも認識しやすいので、そのポジションがどのように評価されているかが一目瞭然です。

また**「入社時期」**からは、そのサービス・インフラの切迫度合いがわかります。もし何月までに決定という採用期限付きであれば、関係するプロジェクトの進行状況が推測できるかもしれません。

採用要件が細かく定義されているということは、サービス・インフラに組織的なバックアップが働いており、会社としての本気度合いがわかるわけです。

⑫エース社員のインタビュー記事

自走力がわかる

ライバル企業のチェックリスト、12個めは**「エース社員のインタビュー記事」**です。採用ページの顔となるコンテンツですね。

採用ページではマネージャークラスのコメントをたくさん見ることができますが、職級を基準に情報収集を行うのは、実はあまり有意義な手法ではありません。どれほどマネジメントスキルが高くても、実態としては肝心の事業がうまくいっていないケースは山ほどあるからです。

では、「誰」の「どんな」コメントを参照すべきか？　それはずばり、**「エース社員」の「地力がわかる」コメント**です。

「エース社員」は、「各分野の最前線で社内を先導しているスタッフ」を指します。社員インタビューでは職級は高くなくても、最前線のスタッフがインタビュー対象になるケースは珍しくありません。会社として主軸の分野や新規事業領域を担当しているエースを探しましょう。

そして「エース社員」を特定できたら、次は「地力」を見ます。

私は数々のインタビュー記事を読みつつ、また自身でも事業を担当することで、地力を見抜くコツを会得しました。それが次の2つです。

①目標必達のために学習・実践したこと

1つめは、業務の数値実績そのものよりも**「目標必達のために学習・実践したこと」を見る**ことです。

たしかに「業務の数値実績」は客観的で重要な情報ですが、会社の規模感や所属部門のヒエラルキーに比例したりするので、地力を知るにはやや頼りない面があります。そこで、「目標必達のために自身で学習・実践したこと」をチェックします。

高い目標達成には相応の努力が必要になるもの。地力がある人は自身で様々な工夫をするので、それが言葉となって表れてきます。そこで発揮された地力は高い再現性を持ち、自社にとって脅威になります。

②逆境カルテットで語られるヒストリー

2つめは、**「逆境カルテットで語られるヒストリー」を見る**ことです。

高い目標には逆境がつきもので、それをどのようにして乗り越えたかを見ます。カルテットとは四重奏のことで、仕事における逆境カルテットとは、**「未経験・低予算・少人数・短期間」**のことです。これを物差しにして、突破力を見抜きます。

世の中のインタビューでは、本人にとっては苦労した話でも、それがどの程度のものか伝わりづらいものが多々あります。しかしこの逆境カルテットを基準にすると、なるほどたしかにすごい推進力だと納得することができます。こうした突破力の高い人材が何人もいれば驚異的な企業文化を持っていることは間違いないでしょう。

Chapter 3

02 売れる理由が即わかる！初心者がマークすべき店

Introduction

売れる店には理由がある

私が仕事で初めてセレクトショップを立ち上げた時のことです。事業計画上のオープンリミットまではわずか半年。都内いずれかの商業施設にて、マルチカテゴリ展開のライフスタイル雑貨店をオープンさせること。しかも、コンサルなし、スタート時はスタッフゼロで。こういう開業ミッションでした。

あらかじめ断っておくと、私はただのリサーチャーなので、当然、バイヤー経験・販売員経験はありません。はるか昔、大学生になる前にイトーヨーカドーの食品レジでアルバイトをした経験だけが頼りでした。

店舗開業までの半年間、ありとあらゆる店を見て回りました。商品はもちろんのこと、床・壁・天井・照明・音響・棚什器・POP・看板・ショッパー（買い物袋）・レジシステム等、なにげなく目に映る店の一点一点の構成要素をすべてゼロから定義していく作業でした。この時に店を見まくった経験がベースとなり、「売れる店」のありようがわかってきたのです。

通常、小売業界の関係者が話題に取り上げる店は、「人気有名店の新業態」「最新商業施設の店」「カリスマバイヤーの店」などです。でも、「売れる理由を学べる店」は、必ずしもそうした特有のブランドネーム・特有のロケーションを持っている店ではありません。

本節では、初心者がマークすべき店として、「売れる理由を持っている」5つの店を紹介します。

いずれも皆さんがふだんの生活の中で見て回れる店です。買い物や遊びのついでに、ふらっと立ち寄ってみてください。きっと今までとは違う発見があることでしょう。

①カテゴリの専門店

②水族館・科学館

③紅茶専門店カフェショップ

④観光地の土産物屋

⑤プロスポーツ球団のオフィシャルグッズショップ

①カテゴリの専門店

長く買われ続けている
ベーシックな商品がわかる

『「売れる」商品を街中へ見つけに行くとしたら、どの店に行く？』と会社の新人研修で質問をすると、最も多いのが「（ハンズやロフトなどの）総合量販店に行く」という回答です。しかし、総合量販店でプッシュされる商品を真似しようとすると、実際には流通規模が大きな店が有利なので、継続的に在庫を売り切るのに苦労します。

そこで、「カテゴリの専門店」を見に行きます。

カテゴリの専門店は、商品の回転が比較的緩やかなのが特徴です。長く買われ続けているベーシックな商品が置いてあり、総合量販店のように頻繁に商品が入れ替わることはありません。ここで取扱っている商品をチェックし続けていれば、売上を再現できるアイテムがわかってきます。

たとえばキッチン用品のカテゴリを取扱うなら、合羽橋（東京・浅草の道具屋街）の**金物屋**を見に行きます。すると目立つのは、包丁・まな板・鍋といった品目で、これがベーシックな商品群であることがわかります。

街中のおしゃれな雑貨店に行くと、同じキッチンカテゴリでも、プリントがかわいいエプロンやスタイリッシュな醤油さしも目に入ってくるので、**あえてそういうアイテムを視界から外すのにこの方法は有効**なのです。

カテゴリの専門店の棚は通常、商品の大分類（アイテム品目）ごとに編成されています。この特性を活かして、自分が担当する分野では、どんな商品が並んでいて、実際に売れているのかをチェックしましょう。

②水族館・科学館

コンセプトに合った商品の集め方がわかる

どんなビジネスでも、開業準備のステージにおける最大の難所は、コンセプトに合った商品を集める（つくる）ことです。コンセプトが決まっていてもそれを体現できる商品が薄いと、決めたテーマの店やサイトとは認識してもらえません。**コンセプトは概念上のものであり、結局は品揃えによって自分たちが何者かを物語るしかない**のです。

お客様にとっては目に見えているものがすべてなので、集めたもの（つくったもの）が不揃いだと何の店かよくわからなくなってしまいます。

コンセプトに合ったお店は、統一された商品イメージを持っています。そのことがよくわかるのが**「水族館・科学館」**です。

水族館ではイルカのぬいぐるみ、クラゲのスノードーム、海洋生物のフィギュアといった商品が、科学館では天体望遠鏡、宇宙食、知恵の輪などが売られているはずです。

「それって当たり前じゃん！水族館・科学館なんだから（笑）」と、思うかもしれません。

でも大事なことは、私たちが運営するお店が、このように**「1つのイメージ」で形成されているかどうか**です。実は、**水族館・科学館は「テーマに合った品揃え」のレベルが高い**ことにお気づきでしょうか？

どんな商品を手に取ってみても「らしさ」を感じることができます。それもそのはず、こういう店に来て、コンビニで買える日用品や突拍子もないものを買おうとは誰も思いません。

水族館・科学館における商品イメージの統一感は決して侮れないのです。

③紅茶専門店カフェショップ

自然には売れない商品の売り方がわかる

立地商売である小売業は、同じ場所で同じお客様に売るのが基本です。

これは強みであると同時に、最も難しいことでもあります。なぜならコンセプト通りの品揃えを実現しても、売上のベースは一定であり、ともすると時間の経過とともに飽きられるリスクが発生してくるからです。

そこで初心者がマークすべき店の3つめに紹介したいのが「紅茶専門店カフェショップ」です。

紅茶専門店カフェショップでは、基本的に取り揃えられる味が決まっています。通年で需要がありますが、悪くいえば新製品の投入やセールによってどんどんと売上を上げるモデルではなく、かなり売上のボトムアップが難しい業態です。

しかしだからこそ、**自然には売りづらい環境下で、どんな工夫が行われているか確認しがいがある**のです。

テイクアウトコーナーは一見地味なので変化に気づきにくいのですが、実は自然に売るのが難しい商品への対処法に富んでいます。

- **「紅茶の日」全品特別価格キャンペーン**
- **オーダーブレンドリクエスト対応**
- **カフェのティーチケットプレゼント**

こうした施策は、他の多くの店でも有効なはずです。「キャンペーンやフェアのネタ切れ」とギブアップ宣言する前に、しっかりとこうした店の努力に学んでいきましょう。

④観光地の土産物屋

買いやすい店の価格設定がわかる

街歩きをしていて、「おしゃれで雰囲気のいい店なんだけど、ここでは買わないな～」と思うことはありませんか？

「買いづらい店」は、**①「やたら高い店」**（売価2,000円で妥当な商品も、周りにエントリークラスの商品が少ないと、意図せず高く感じられてしまう）、**②「選びづらい店」**（取扱う商品の価格帯が大きく散っていたりどこかに寄りすぎていて商品の値打ちを比較できない）ため、そのように認識されます。

理由は、店がほれこんだ商品ベースで仕入れを進めてしまい、**「客単価が商品単価に引きずられる」から**です。こうした現象は**「消費者予算」を理解することで回避できます。**

「買いやすい店」を学習するのに最適なのが**「観光地の土産物屋」**です。

皆さんも、「ジャンク感のある土産物屋なのに、なんかいろいろ買っちゃった」という経験があるはずです。

土産物屋では、手頃な価格でモノさえ良ければ、私たちはすぐに購入を決断します。もちろん土産物屋は、基本的に買う気のあるお客様を相手にしているアドバンテージがあるものの、300円のキーホルダーから1,200円のお菓子までごく気軽に「買ってもいいかも」と思わせる価格設定のものばかりが並んでいることが購買意欲をそそる仕掛けになっているのです。

この**消費者目線の予算感**を押さえられていれば、商品単価に頼らず、客単価で勝負ができます。

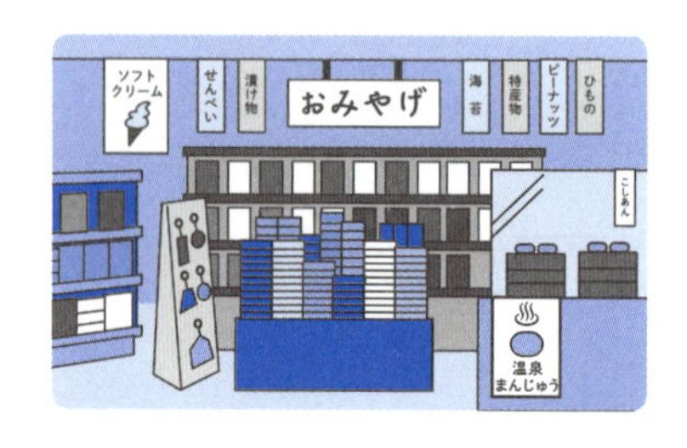

⑤プロスポーツ球団のオフィシャルグッズショップ

無理なく客単価を上げる商品ラインナップがわかる

どんなビジネスでも、「どう計算してもこれ以上客単価が上がらない」という「客単価の限界」の壁に突き当たることがあります。客単価対策を考えるにあたり、来店客数や買上点数が爆発的に伸びることを期待に盛り込んでみても、そうそう期待通りに伸びてくれるわけではありません。

また、かといって、高価な商品・大型の商品を仕入れてもそうそう売れるわけでもありません。

この**「客単価が上がらない問題」の本質は、「商品ラインナップ」にあります。**手持ちの商品ラインナップが理想的な商品単価を形成できていないため、客単価をチューニングすることができないのです。

そこで参考になるのが**「プロスポーツ球団のオフィシャルグッズショップ」**です。

各プロスポーツ球団が近年とても力を入れているのが「応援グッズ」です。スポーツ観戦の応援グッズというと、メガホン・タオルマフラー・レプリカユニフォームなどが思い出されますが、最近ではグッズ感を抑えたおしゃれなアイテムも増えています。

ご存じのように球団は製品をつくるメーカーそのものではないので（そういうケースが多いので）、アイテム単位で製品を工場に発注したり、ライセンスを付与して商品を取り揃えることになります。すると、必然的に多くの人に売れやすいアイテム（食品ならお菓子、アパレルならキャップ、雑貨なら生活用品）に絞ることになります。つまり、**プロスポーツ球団のオフィシャルグッズショップを見ていれば、世の中の売れ筋をつかむことができる**のです。

Chapter 3

03 売れる法則を完コピ！売れ筋商品ウォッチング術

Introduction

売れ筋がわかる＝「いつも自店で売れるもの」がわかること

「商品の目利きになる」のは、誰にとってもあこがれのスキルです。自分が職業バイヤーではなかったとしても、何か企画を立てるうえでも大事になるスキルだからです。このスキルは、**「(品質・鮮度など) モノの良し悪しがわかる」**ことであり、**「売れ筋商品がわかる」**ことを指します。では、皆さんはどうやってその「売れ筋」を把握していますか。

店舗でお客様を接客していたり、本部で販売データを見ていれば、単品でどの商品が売れているのかはわかります。また、他店を見て回る中でもよく売れている商品はわかります。そうした好調の商品を追加発注したり、類似商品の取扱いを検討したりして、対応していることでしょう。

でも、これは「売れたモノの後追い作業」ですよね。「モノが売れる基準」を自分ではわかっていない状態です。

つまり「売れ筋商品がわかる」とは、「現在、自店または他店で売れているもの」だけでなく、**「いつも、自店で売れる**

もの」がわかるという状態をいいます。

そんなこと可能なの？と驚かれるかもしれませんね。それは、リサーチの技術を駆使すればもちろん可能です。

私は前節で述べた通り、何も知らない状態から店舗開発のミッションを担い、その後、全国売上トップクラスの商業施設から出店の声をかけてもらえるようになったり、ウェブ事業をドメインとする企業の出店をショップインショップ形式でサポートするまでになりました。

本節では、店舗小売を本家とするデベロッパーへのプレゼン時に評価してもらった点や、同じように初めて出店にチャレンジしたウェブ企業から感謝された点を振り返り、誰でも簡単にできる「7つの売れ筋商品ウォッチング術」を紹介します。

①壁面棚マーク法

店の基本的な売上を担える商品がわかる

売れ筋商品ウォッチング術、1つめは「店の壁面棚をマークする」方法です。

新入社員向けの店舗研修で私はよく、「皆は店に入ったらどの場所を見る?」と質問します。すると目立つのは、「店頭を見る」という回答です。皆さんの中にも「店頭」を真っ先に思い浮かべた方は多いことでしょう。

たしかに、店頭は店が一番注力しているゾーンです。ランキングディスプレイ・イベント催事商品・セール商品などが並ぶ、文字通り店の顔です。しかし、**店頭は企画・販促の出来不出来による影響をモロに受けるので、店の地力を判断しづらい場所**でもあります。また、商品の入れ替わりが多く、地力をウォッチングするには難があります。

では、いつ見ても店の地力がわかる場所はどこなのか? それが壁面の棚です。壁面の棚は通常、レギュラー商品を扱う常設棚になっています。場所取りは地味ながらも、頻繁に商品が入れ替わることはなく、店の基本的な売上を担える商品が配置されています。

つまり、壁面の棚で何を扱っていて、どれくらい売れていそうかをチェックすれば、店の地力がわかるのです。**壁面を定期観測していると、いつもお客様が手に取っている商品、在庫がいい具合に変動している商品に気づくことができ、それが「売れる」商品だとわかります。**

もちろん厳密には、壁面の棚に何を置くかは店の判断によって異なります。奥まった死角スペースあたりでは、死に筋商品が固まっているかもしれません。当然明らかな死に筋は分別していかなければいけません。

ここで思い出したいのが、初心者がマークすべき店で挙げた「カテゴリの専門店」です。専門店自体がそのカテゴリでベーシックな商品を扱う商売形態ですが、**専門店の壁面棚はその中でもさらにベーシックなモノを置いています。**

前項で、「売れ筋がわかる」とは、「いつも、自店で売れるものがわかる」状態だと説明しました。皆さんは店頭で売れている商品に惑わされず、（できればカテゴリの専門店の）壁面棚を見て、真の売れ筋をチェックしましょう。

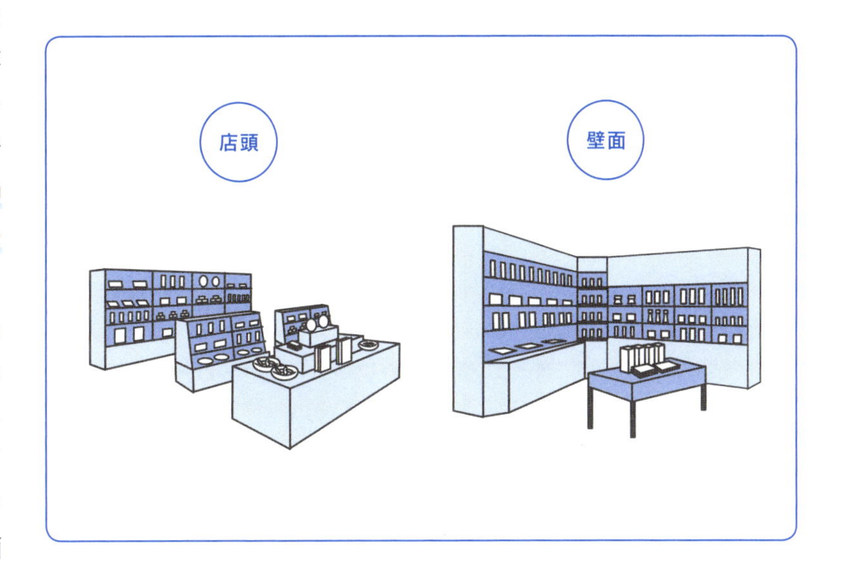

②人気品目マーク法

多くの人がよく使う商品がわかる

私が新入社員向けの店舗研修でもう1つよくする質問に、「店に入ったらどんな商品を見る？」というものがあります。この時の回答で多いのが「人気商品を見る」というものです。

この回答が意図するところは、研修内で別途実施している「自分がつくりたい店」のプレゼン資料の内容を見るとよくわかります。そこには、いかにもSNS映えしそうな透明な保存ビンやカラーバリエーション豊かな鉄鍋の写真が入っています。たしかにこうした商品は雑貨の中での人気商品に当たります。

でも、こうした人気商品は、流通規模が大きな店に分があります。店の数が多い→売れる店で売れる→人気商品として全店に拡大する→会社全体での在庫の回転が良い、という構造になっているので「自分がつくりたい店」で扱うのは現実的には厳しいのです。

ここは冷静に、「自分だったら（雑貨）店に入ったら何を買うか」を自問してみましょう。**初めは人目を引く人気商品に目が行っても、最後は、どこでも見る商品、どこでも底堅く買われている商品に落ち着くことが多い**はずです。そしてそれはたとえば次のような「品目」です。

- **チョコレート**
- **マグカップ**
- **タオル**
- **折りたたみ傘**

突き詰めるところ、こうした「品目」の正体は、それぞれのカテゴリユーザーにとって**「日々の生活の中で実用性があるもの」**です。「多くの人が」「よく使う」から底堅く買われているのであり、「品目」としてのニーズが高いのです。そのため私は、**「人気商品」ではなく「人気品目」を探す**ように仕事で指示しています。

この原理がわかっていれば、あとは当たっている「品目」を見分けるだけです。ヒットの再現性が高いため、流行にあまり左右されず、継続的に商品を売ることができます。

こうした「商品を見る目」は、ECサイトよりも実店舗を見ることで養われます。ECサイトは良くも悪くもいろいろな商品を扱えてしまうため、外からは人気品目の見分けがつきません。

一方で、実店舗のスペースには物理的な限度があります。商品を陳列する売場にも在庫を置くストックヤードにも、テナントである限り賃料が発生しています。すると、店で展開する商品は自ずと厳選されていきます。このような原理から、**商品の厳選度合いを見るには実店舗の方が向いている**のです。

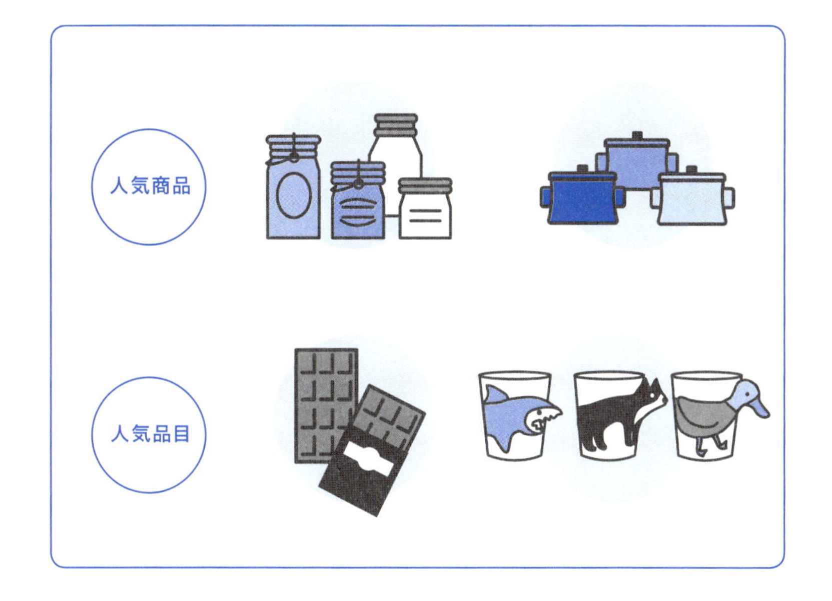

③モチーフマーク法

テーマから外れずに商品を拡充する方法がわかる

売れ筋商品ウォッチング術、3つめは「モチーフをマークする」方法です。まずは本項のトピックである「モチーフ」とは何かについて説明します。

店で見る商品を代表する「モチーフ」には、「ボタニカル（植物）・マリン（海や船）・イニシャル（アルファベット）・ワンカラー（ブルーで統一）」などがあります。あなたも雑貨店などで頻繁に目にしていることでしょう。「テーマ」といってしまっても良いのですが、抽象的な概念ではなく具体的な形状や形態を伴っているものを指します。

このウォッチング術は、初心者がマークすべき店で挙げた**「水族館・科学館」**で行います。

まず、水族館・科学館の物販ショップで取扱っている商品の中で、このような「モチーフ」がウリになっているものを探します。そしてこの商品はそこそこの売れ筋であることを確認してください。

売れ筋であることを確認する方法としては、「平台に積まれている、棚で面展開されている」など、要は**在庫数が多くて陳列が目立つものをチェック**します。商品がそこそこ売れている＝そのショップのイメージに合っているという仮説が成り立つので、この商品を出発点にします。

次に、目をつけた商品と同じモチーフを持つ商品を探していきます。そうして集めたアイテムを並べてみると、何がやりたい店なのかわかってくるはずです。

たとえば水族館でペンギンをかたどったマグが人気だった場合。アイテムカテゴリの枠を超えて、同じペンギンモチーフのTシャツ・クッション・フィギュアなどをピックアップしていきます。これで店が何をウリにしているか一目瞭然です。

おそらくそこまで水族館がペンギンをウリにするからには、展示ゾーンの方でも人気者のペンギンがいることでしょう。**モチーフが合っていると、揃えるアイテムの種類は違っていても、立派にひとつのテーマとして認識されます。**

モチーフをマークする方法は実際の仕入れ上は非効率になりがちですが（特定の取引先と少ない品数で少量の取引する形態が主流になるため）、この取引の壁を乗り越えると、他店と大きく差別化することができます。

④チャネルマーク法

商品がどういうカラーを持つ店に卸されているのかがわかる

売れ筋商品ウォッチング術、4つめは「チャネルをマークする」方法です。「チャネル」とは、販売経路のことを指し、小売業では「スーパー・コンビニ」などがチャネルに当たります。

ところで、売れ筋商品を取り揃える際にネックとなるのが、**「自店」「自社」のカラーに合ったものをどれくらい多く取り揃えられるか**です。いくら世の中の売れ筋だからといって、ブランドイメージに合わない商品を置くわけにはいきません。

でも、売れ筋であることに加えて、「自店のカラーに合った」商品という条件が付くと、対応する商品を探し出すのはかなりしんどくなります。1つひとつ丁寧に発掘していきたいところですが、実際には探す時間は限られています。

そこで、準備が短期間でも精度を保ったまま商品発掘のスピードを上げるワザを紹介しましょう。

前項の「モチーフマーク法」の時と同様、まずは自分の担当分野の商品を扱う店で、気になるモノを探します。ここで探すモノは大衆にヒットしている量販モデルではなく、**他ではあまり見かけない作家性が高いモノ**をねらいます。

商品を特定できたら、商品本体のタグや外箱から製造元・販売元（メーカー）を確認します。その後、スマホでメーカーのウェブサイトで公表している**取扱いショップ一覧（販売店リスト）**を見ます。

そこにはあなたが今回足を運んだ店以外にどんなショップが並んでいるでしょうか。**この販売店リストに並んでいるショップこそがマークすべき「チャネルのカラー」です。**

たとえば雑貨店を運営していて、オセロやルービックキューブのようなちょっと知的なアナログゲーム群の品揃えを強化したいとします。この時に通常やってしまうのは、競合の雑貨店や玩具店の品揃えを真似てしまうことです。これでは他店との差別化にはつながらないうえに、完全に二番煎じです。

そこでチャネルマーク法を使います。店で気になったアナログゲームを見かけたら、パッケージ裏面からメーカーをチェックして、メーカーサイトで取扱いショップ一覧を見ます。

そうすると、雑貨店や玩具店以外に、**美術館・文化ホールなどのミュージアムショップ**が目につきます。これならその商品は他店とかぶらず、知的な店のイメージを形成できる、というわけです。

直接的な競合店の仕入れを真似ていると、商品をきっかけにして店そのものが競合店のカラーに引き寄せられていってしまいます。これでは本末転倒ですよね。

チャネルをマークする方法では、「自店」「自社」のカラーを守りつつ、理想とするイメージの売れ筋を拡充することができます。コンセプトを体現できる商品が少なくて悩んでいる方は、ぜひ実践してみてください。

⑤季節商材・ギフト商材・イベント商材

短期集中で売上を押し上げる売り出し方がわかる

売れ筋商品ウォッチング術、5つめは「季節商材・ギフト商材・イベント商材」です。「短期集中で売上を伸ばす」というと、一般的な手法にはセールがありますが、セールは利益を削ってしまいますし、実施するタイミングも限られます。本来は利益を損なわず通年で実施できる施策を選びたいもの。それがふだん私たちが見慣れたショップでも行われています。

この方法は、初心者がマークすべき店で挙げた**「紅茶専門店カフェショップ」**で行います。

a. 季節商材

季節商材とは文字通り、**シーズン商品として期間売上を積み増せるもの**です。アパレルショップには冬のムートンブーツなどわかりやすいヒットの好例がありますが、紅茶専門店にもよくよく見ているとあります。

夏のルイボスティー、秋のアッサムティー、季節限定のブレンドパッケージなど、旬ならではの香り立ちを楽しむ商品が出ています。アパレルほど爆発的ではないにせよ、**きちんと季節の商品を揃えてアピールすることの大切さ**がわかります。

b. ギフト商材

紅茶専門店のギフト商材といえば、いくつかのフレーバーをまとめて箱詰めする**「ギフトボックス」**が代表的です。

ギフトは「贈答用」という用途提案を行うだけで新規購入・単価アップにつながりやすい店舗小売の常とう手段です。しかし、だからといってギフト需要に病みつきになると、あからさまな売り込み感が出てお客様に引かれてしまいます。

その点紅茶専門店はギフト提案の雰囲気づくりが絶妙で、ふつうの雑貨店のような売り込み臭はなく、むしろ客の側からギフト購入を求めています。この雰囲気づくりはぜひ真似したいものです。

c. イベント商材

イベント商材は、いわゆる**フェア・キャンペーンで売り出す商品**です。紅茶専門店カフェを眺めていると、下記のような施策が実施されています。

- ●「紅茶の日」全品特別価格キャンペーン
- ●お買上○○円以上でグッズプレゼント
- ●オーダーブレンドリクエスト対応
- ●カフェのティーチケットプレゼント
- ●デザイナーズコラボアイテム販売

これらの施策はいずれも短期集中で売上を押し上げるものです。派手さはないかもしれませんが、イベント商材の開発・展開の努力がきちんとされていて参考になります。

前項までに紹介してきた「安定的に売上をつくる商品」と、本項で紹介している「瞬間的に売上を伸ばす商品」は補完関係にあります。お客様のライフシーンに合わせてバランスを取ることが大事であり、それこそが店舗運営の醍醐味といえます。

⑥消費者予算チャート

いくらの商品にどんな気持ちが付いてくるのかわかる

売れ筋商品ウォッチング術、6つめは「消費者予算チャートをつける」方法です。

私が様々なウェブ企業の出店をサポートしていた頃、一番課題となったのが商品の価格帯が集中しすぎることでした。たいてい、2,000～3,000円くらい（雑貨としてはやや高め）の「売りたい」商材に集中してしまいます。しかしこの価格構成だと、お客様目線では「買いづらい店」になります。そこで、価格構成のバランスを取るために使うのが、「消費者予算チャート」です。

「消費者予算チャート」は、**お客様が胸の内に持っている「相場」を参照し、その価格帯に対応する商品を見つけてくる方法**です。どういうことか？　頭の中で思考実験してみましょう。

あなたがよく行く雑貨のセレクトショップか、初心者がマークすべき店**「観光地の土産物屋」**の売場イメージを想像してください。そのお店で、自分が消費者として買い物をするにあたり、次のような意識になるのはいくらくらいなのか、想像で設定していきます。

まず、必須項目は**「利用平均金額」「高いと思う金額「高いと思い始める金額」「安いと思い始める金額」**の4つです（「安いと思う金額」は、参照しづらい結果になりやすいのであえて外しています）。

次に、もし埋めることができれば、任意項目として「ギフトでの最大予算・ギフトでの手頃な予算」の2つを入れてください。

雑貨のセレクトショップの例でつくったものが右のチャートになります。必須項目の中に任意項目を入れ込み、価格帯の降順に整列しています。

チャートを見ていただくと、

お客様が店の中で感じるそれぞれの気持ちに対して、どの価格帯の商品が応えているかよく見えてきます。この価格帯に対応する商品がどれだけあるかをチェックすれば、お客様から見て高すぎず安すぎない「買いやすい店」をつくることができます。

ですので、私たちも日頃お店をウォッチングする時に、売れそうな特定の単品だけをチェックするのではなく、**その店の業態の商品構成だとどういう価格帯のものが"売れ筋"になるのか**もチェックしましょう。

このチャートはあくまで「いち消費者としての主観」をもとにつくり上げるのですが、この主観は案外正しく、販売データの分析とは違った観点から売れ筋のつくり方を教えてくれます。これができていると、特定商品の商品単価に引きずられないので、客単価をリードすることができます。

消費者予算チャート

必須項目

利用平均金額 =○○円

高いと思う金額 =○○円

高いと思い始める金額 =○○円

安いと思い始める金額 =○○円

任意項目

ギフトでの最大予算 =○○円

ギフトでの手頃な予算 =○○円

消費者予算チャート:完成形

雑貨のセレクトショップの例

高いと思う金額=7,000円 ➡モノの話題性や価値次第では買う

ギフトでの最大予算=5,000円 ➡自分用ではなくギフト用なら買う

高いと思い始める金額=3,000円 ➡気持ちフンパツして買う

利用平均金額=2,000円 ➡ふつうに買う

安いと思い始める金額=700円 ➡気軽に買う

ギフトでの手頃な予算=300円 ➡軽いギフト感覚で買う

⑦アイテムとプライスの7並べ

スケールに合った 最適な商品構成がわかる

売れ筋商品ウォッチング術、7つめは「アイテムとプライスの7並べをする」方法です。

この方法は、初心者がマークすべき店**「プロスポーツ球団のオフィシャルグッズショップ」**で実践します。慣れてきたら総合雑貨店でやってみてもいいのですが、品数が多すぎると売場を歩き回るだけでしんどくなります。まずは店のサイズ感がほどよく中型にまとまっている店でコツをつかみましょう。以下、3つのステップに分けて手順を解説します。

ステップ1
自分の担当商材の売場に行く

オフィシャルグッズショップに入ったら、自店で取扱いが多い商品カテゴリか、自分が興味を持てるカテゴリを見に行きます。店ではアパレルをはじめとして、キッチン・食雑貨・ステーショナリー・インテリアなど、いろんな商品が展開されています。

ステップ2
アイテム（品目）ごとの価格帯をチェックする

自分が見るカテゴリを絞れたら、アイテムごとに展開している商品の価格帯を見ていきます。たとえばアパレルカテゴリのTシャツであれば1,000円・1,500円・2,000円…、オープンシャツであれば3,000円・5,000円・6,500円…、というように。商品点数が多い場合はぜんぶ覚えるわけにいきませんので、代表的なアイテムと店がイチオシしているアイテムを中心に選び出します。

ステップ3
表の中に価格情報をまとめる

店で展開しているアイテムの価格帯を把握できたら、忘れないうちに表をつくります。縦軸には展開カテゴリを書き出し、横軸にはアイテムの価格帯を記載します。この表の中にアイテム情報を書き入れていきます。トランプの7並べのように、アイテム品目とプライスゾーンを一覧形式にできたら表の完成です。

	～500円	500～1,000円	1,000～1,500円	1,500～2,000円	2,000～3,000円	3,000～5,000円	それ以上
キッチンウェア			カトラリーセット 1,400円	マグカップ 1,500円 マグボトル 1,800円	お皿 2,000円		
アパレル		リストバンド 800円	ナップサック 1,200円	トートバッグ 1,500円	ウインドブレーカー 2,200円	キャップ 3,000円 バックパック 4,500円	オープンシャツ 6,800円
タオル			ハンドタオル小 1,000円	ハンドタオル大 1,500円 マフラータオル 1,800円	フェイスタオル 2,000円	バスタオル 4,500円	

分析のポイントは次の2つです。

①各アイテムのミニマム〜マックスの価格帯を見る

1つめは、「各アイテムのミニマム〜マックスの価格帯を見る」ことです。

ミニマム（最小値）とマックス（最大値）に位置している商品の価格帯から、**どのような客層の幅を想定しているのか**イメージします。この情報に、店のターゲット設定、それに合わせた商品戦略の色が出ます。

②各アイテムのクリーンナップを担う商品の価格帯を見る

2つめは、「各アイテムのクリーンナップを担う商品の価格帯を見る」ことです。

各アイテム（品目）の**主軸となっている商品は、概ね用途に沿って買いやすい価格が付いています。**この情報に、勝負すべき価格帯のパターンが詰まっています。

ここからは例示を交えて解説しましょう。

商品がタオルの場合。タオルの価格パターンは、1,000円・1,500円・1,800円・2,000円・4,500円の5つだったとします。この価格パターン数は、デザイン違い・サイズ違い等の展開により発生しています。

まず、ミニマム〜マックスのプライスレンジ（価格帯の幅）を見ると、ミニマムは1,000円、マックスは4,500円となっています。エントリーラインではコンビニで買えるような300円のモデルはなく、ハイエンドラインではこだわり生産されるような8,000円のモデルもありません。これが店が意図しているターゲット設定（もしくは予算設定）です。

次に、クリーンナップを担う商品のプライスライン（価格のラインナップ）を見ると、1,500円・1,800円・2,000円と目が詰まっており、ここが価格帯の主軸であると見当がつきます。これが勝負すべき価格帯のパターンです。

ここまでの情報を拾えていれば、たとえば、次のような見直しができます。

- 自社で安易に仕入れていた500円のタオルは安すぎるので取り止める。
- 現在の主力である1,500円と4,500円のあいだに1,800円・2,000円を追加する。

この方法はもちろん、ベンチマークするショップのスケール感が自店に合っていること、そのショップがバイイングセンスを持っていることを前提としますが、うまくハマると攻めの客単価向上につながります。

分析のポイントは説明してきた通りですが、店舗運営者として本気で分析する場合は、下記のポイントも押さえて他店と自店を比較すると、より考察に深みが増します。必要に応じて意識してみてください。

- **自店の価格のボリュームゾーンはどこか？**
  ➡売れ筋の価格帯を知る
- **自店の平均単価は適正か？**
  ➡人気商品でうまく誘導する
- **自店では売れ方がバラバラになっていないか？**
  ➡シーン・アイテム・ブランドを絞る
- **自店のカテゴリは面で勝てているか？**
  ➡アイテム間の相乗効果をねらう
- **自店では単品依存を起こしていないか？**
  ➡品目を意識して落ち着かせる

Chapter 3

04 流行に強くなる！消費トレンド検索ツール

Introduction

気になったものを気になった時にピンポイントで調べるには？

次のような時に、あなたはどんな情報源を参照しますか？

- 個別の商品情報を知りたい時
- 急に出てきたヒット・ブームを深掘りしたい時
- 商品・サービスのハイシーズン／ピークタイムを知りたい時

消費トレンドを調べる情報源の代表格には、新聞やネット上のニュースがありますが、新聞は毎日読んで効果を発揮するタイプのものですし、知りたいこと以外の情報も入っている紙面を日々管理していくのは大変です。またネット上のニュースは、情報の濃度が様々で、いくつか突き合わせて検証しなければいけないことが少なくありません。

そう、私たちは消費トレンドを追いかける時、**「気になったものを気になった時にピンポイントで調べたい」**のです。そこで、そういう時に役立つ「流行に強くなる消費トレンド検索ツール」を3つ紹介します。

①Macromill Weekly Index（マクロミル ウィークリー インデックス）

「販促カレンダー」の参考ツール

皆さんの会社に「販促カレンダー」はありますか？
「この時期にはこんなシーズンイベントがあるから、これを売りましょう」という情報を教えてくれる資料です。営業熱が高い会社では実際に参照する機会が多いことでしょう。

私は20代半ばからずっとこのカレンダーをつくる側にいました。そして、30代半ばに本部だけでなく現場のライン長を兼ねるようになり、ふと現場が必要としている情報には微妙な違いがあることに気づきました。

クリスマスやバレンタインといった大型イベントはもちろん重要です。

しかし、大型イベントの日や週は黙っていてもやってきますが、もっと大事なのは、今がその日や週に対して山を登っている状態なのか、谷を下っている状態なのか、現在地及び近い未来を把握できていることです。それがわかっていないと、適切な発注計画・在庫計画が組めません。

何年も事業を運営していてデータが整っていれば良いのですが、私のように新規事業でデータがないとお手上げです。

こういう時、何かうまいこと消費の波をつかめるツールがあったら便利ですよね。

そこで参考になる消費トレンド検索ツールが「Macromill Weekly Index」です。

世の中の消費活動の波がわかる週次観測データ

「Macromill Weekly Index」は、マクロミル総合研究所が公開している消費に関する定点観測データです（運営はマーケティングリサーチ国内最大手のマクロミル社）。

個人消費金額・購買カテゴリなどの消費支出データをわかりやすいトレンドグラフで公開しており、たとえば、「プレゼント・ギフト」消費が何月何週の時期に伸びるのかを参照することができます。

定点観測の対象となっている消費行動データは右の通りです。

このデータは**「週次」の定点観測であることが最大の特徴で、きめ細かい消費の動きを見ることができます。**

Macromill Weekly Indexで定点観測の対象となっている消費行動データ

- 家族との外食
- お酒
- 食事会・飲み会
- 書籍・雑誌
- 洋服
- 化粧品
- プレゼント・ギフト
- 国内旅行

（過去1週間に買ったもの・今後1週間に買う予定のもの）

中でもおすすめなのが、**「消費予想」のタブ**です。

「消費予想」では年間の個人消費量の変化を予測しており、たとえば冬季であれば、11月1週から消費が伸び始めて12月4週からは冷え込むという傾向をはっきりとしたデータの山と谷で見ることができます。

つまり、本項冒頭で販売現場の課題として取り上げた、**いつどこで消費の波が来てそして引いていくのか、データではっきりとわかる**のです。

きめの細かい消費の波を理解していると、いつ販売施策を仕掛け出すべきか（展開時期）、どの程度仕入れをしておくべきか（商品在庫量）、ということがわかるので、データがない企業の担当者には嬉しい公開情報です。

②価格.com テレビ紹介情報

商品・店舗・人物を放送内容の解説付きで確認できる

「価格.com テレビ紹介情報」は、カカクコムのサイトで提供されている、**テレビで取り上げられた情報を検索できるシステム**です。

商品名・店舗名・人名・地域名などで検索すると、これまでに紹介されたテレビ番組名のインデックスが表示されます。

検索カテゴリはグルメや旅行だけでなくあらゆる消費財が用意されており、それぞれの流行をチェックするのに便利です。

このように検索システム自体がすごいのですが、さらに驚くべき機能があります。なんと検索結果画面では番組名・放送日だけでなく、放送内容のミニ解説も付いているのです。

私たちが検索結果から参照したいのは、番組名はもちろんのこと、テレビで「紹介された文脈」です。どう取り上げられたかをもとに、どこまで深追いすべきかリサーチ指針を決めるからです。つまり、**ビジネス用途での検索にめちゃくちゃ適しているのです。**

また、テレビ番組情報というのは番組公式サイトでも情報は公開されていますが、バックナンバー情報は記載内容が浅かったり、一定期間で削除されてしまいます。後から情報を参照するにはちょっと頼りない形で運営されているので、その点からもこの検索システムは重宝します。

カカクコム テレビ紹介情報の検索カテゴリ

- コミック・雑誌
- 音楽・CD
- 映画・DVD
- レストラン・飲食店
- グルメ情報
- 料理レシピ
- ホテル・温泉旅館
- 観光・地域情報
- イベント情報
- 雑学・豆知識

③Yahoo! リアルタイム検索

話題のトピックスに対するリアクションを高速チェックできる

情報発信力を高めようとする時、一番効果的なのは流行りに乗っかることです。

勝負を分けるのは、いかにしてトレンドをキャッチするかです。

そんな時に使える、流行に強くなる消費トレンド検索ツールが「Yahoo! リアルタイム検索」です。

「Yahoo! リアルタイム検索」は、検索した語句を含むツイートを検索結果ページにリアルタイムでタイムライン表示してくれるツールです。数週間のうちに話題になった、もしくは、今話題になっている事象に対するリアクションを確認する時に使えます。

長期での検索トレンドを調べる時には「Google トレンド」が便利ですが、**短期での検索トレンドを調べる時には「Yahoo! リアルタイム検索」が便利**です。

たとえば、「選挙結果」・「電車遅延」・「急激にブレイクしたモノ・ヒト・コト」など、スピードが重視される情報に強い特性があります。

検索結果のタイムラインと同ページ内でツイート件数を折れ線グラフで表示する機能があり、24時間・7日間・30日間の期間で切り替え可能なところがツイッター内の検索結果と違うところです。

また、「感情の割合」で、ポジティブ・ネガティブの比率と、それぞれの感情に特徴的なワードを見ることができます。

個人的なおすすめは、**「○○(検索語句)と一緒につぶやかれているキーワード」**の欄です。ただの同時共起語句に留まらないワードが提示されるのでトレンドの追っかけに使えます(検索語句によっては表示されないこともあります)。

Chapter 3

05 マーケットデータを整理・分析するフレームワーク

Introduction

良いフレームワークの共通点

経営戦略・マーケティングには、有名なフレームワークがいくつもあります。仕事柄、私は事業企画・営業企画部門を兼ねることが多く、事業のプランニングや資料作成のたびによく活用する機会があります。しかし、自分自身が事業責任者として、あるいは営業責任者を兼ねてプロジェクトの成果を求められる立場になってからは、既存のフレームワークに限界を感じるようになりました。**既存のフレームワークは現状のレポーティングには強いのですが、「そこから先に何をすべきか？」という議論に結びつけづらかった**のです。

このままでは実際のビジネスの場で通用しないと危機感を持った私は、思い切ってアレンジを施し、事業推進に必要な「相手を動かすことができる」データになるように洗練させていきました。

その後、新規事業の立ち上げや新商品・新サービスの企画、不振事業の立て直しなど、いくつものプロジェクトにリサーチャーとして携わってきましたが、本当に必要なフレームワークとして残ったのは不思議といつも同じものでした。そこで気づいたことは、良いフレームワークには右のような共通した特性があるということです。

本節では、既存のフレームワークにリサーチの技術を組み合わせてつくった、整理・分析に役立つ5つのフレームワークをご紹介します。

①データを要領よく整理できる

膨大なリサーチデータを一枚に集約して、「ああ、要はそういうことね」と、周りから納得を引き出すことができる特性。

②対応策のアイデアの宝庫になる

1枚のフレームワークの中から、次々と改善策・打ち手を見出すことができて、「よし、これでいこう」と、事業を前進させる特性。

①コンセプトチェックツール

「コンセプト」は検証できなければ意味がない

「コンセプト」の作成には多くの人と時間、手間と費用がかかります。あなたはそんなコンセプトを、「検証」したことがありますか？　おそらく「検証したことがある」という人はほとんどいないことでしょう。だいたい、「私はけっこう気に入っている」「お客さんからは評判良さそうよ」「おれはしっくり来ていないな」など、ざっくりとした各自の印象でしか振り返らないものです。

通常マーケティング部やセールス部では、実施したキャンペーン結果を事細かに数値化して検証するものです。それなのに、それよりも上位概念であるコンセプトを検証する機会がそもそもないというのは、実に不思議なことです。

ではなぜ、「コンセプト」は検証されないのでしょうか。

推測できる理由の最たるものは、検証しないというより「検証できない」というものです。コンセプト自体は極めて概念的なものなので、直接的にお客様に「ウチのコンセプトって伝わっていますか？」と尋ねるのもナンセンスです。

しかし、検証しないまま放置するには、あまりに大きな影響力を持つ存在であり、やはり検証できるようにしておかなければいけません。

コンセプトの浸透度を確認するフレームワーク

そこで本項では、コンセプトが正しく伝わっているのかの浸透度を確認するフレームワーク：「コンセプトチェックツール」をご紹介しましょう。

まず、自社が掲げているコンセプト文をあらためて用意します。たとえば飲食店サイトの食べログであれば、「お店選びで失敗したくない人のためのグルメサイト」と表現されているものです。

あなたが分析したいと考えている、商品・サービス・店舗・サイト・会社などのコンセプト文を用意しておいてください。

次に、アンケートでお客様の利用状況をひと通り尋ねます。 特に、<利用属性→利用単価→利用頻度→利用目的→流入経路→利用内容→利用理由→離反理由>の項目にフォーカスしてください。

手持ちのアンケートにはない項目もある、という方は、いったん用意できるものだけで大丈夫です。（項目が多い、めんどうだ、という方も、いましばらくお付き合いください）

そして、このそれぞれの段階で、回答結果がコンセプトで意図したものになっているかを、次のようなフレームワークでチェックしていきます。

コンセプト：●●●●●●●●●●●●●

①利用属性		➡コンセプトで意図した属性になっているか？
②利用単価		➡コンセプトで意図した金額になっているか？
③利用頻度		➡コンセプトで意図した回数になっているか？
④利用目的		➡コンセプトで意図した用途になっているか？
⑤流入経路		➡コンセプトで意図した経路になっているか？
⑥利用内容		➡コンセプトで意図した内容になっているか？
⑦利用理由		➡コンセプトで意図した背景になっているか？
⑧離反理由		➡コンセプトで意図した離脱になっているか？

チェックしてみて、もしコンセプトで意図していない結果が出ていたら、その項目は即見直し対象となります。たとえば、安さをウリにしているのに、お得さが感じられていなかったらアウトです。

おそらく1つひとつの項目はこれまでにも何かしらの形で皆さんデータを取っていることでしょう。その結果を**一気通貫して並べて見ることが、このフレームワークのポイント**です。

コンセプトを基点にして、各項目でのお客様コミュニケーションが「できている・できていない」を見ていくので、本質的な改善に至りやすいのがこのツールのメリットです。

離反理由にコンセプトの成否が出る

もし「フレームワークで検証する項目が多すぎる」と感じる方も、絶対に検証してみて欲しい項目が1つあります。それは、利用状況の順番では最後に来ている、**「離反理由」**です。ここでいう「離反」とは、退会・離脱・中止など、ネガティブなアクションを指します。経験上、この**「離反理由」にコンセプトとの合致、あるいは乖離がはっきりと出ます。**

仮にあなたが担当するビジネスのコンセプトが高級路線だったとします。そのうえで、もし離反理由が「高い」「そこまでは費用をかけられない」となっていたら、コンセプトは浸透していると言え、離反理由も含めてハンドリングができていることになります。

逆に、これ以外の離反理由が入ってきたり、商品やサービスの質に対する疑問が挙がっているなら、コンセプトで意図した運営とは違った形で受け止められているので、運営要素（内容・料金・接客・広告など）を見直す必要があります。

②サービスバリューの窓

「SWOT 分析」活用の難しさ

企業のマーケティング研修に欠かせないフレームワークといえば「SWOT 分析」です。**SWOT 分析は、自社の置かれた市場環境を「強み・弱み・機会・脅威」の観点から把握していく手法**です。

ではここであなたが担当する事業について、2つ質問をさせてください。

「強み」の項目をご覧になって、どういう印象を持ちましたか？
「どこに入れようか迷った」項目はありませんでしたか？

まず、「強み」の項目についてです。

おそらくご自身でも納得感があるもの、あえて整理するまでもなく「まあこういうことだよな」というものが並んでいるはずです。

企業研修で SWOT 分析が行われる場合は特に「強み」の部分の認識を目的に行われていますが、文字通り強みを認識するだけで終わるケースが多いように感じます。しかし、そこから強みを事業活動にどれだけ活用できているでしょうか？

次に、「どこに入れようか迷った」項目についてです。

強み・弱み・機会・脅威はそれぞれ別個の枠組みであり決して迷うことがなさそうなものですが、ワークショップで手を動かしていくと「これ、どっちだ？」みたいな項目が出てきます。

たとえば学習塾における「少子化」は、一見すると「脅威」そのものです。子どもの数が減ると顧客である生徒の母数が減るので、月謝収入の減少による売上の減少が起きるばかりか、少ないターゲットへ競合と同時にアプローチするため集客効率も悪くなります。

でも、同じ学習塾でも、オンラインで学習できるウェブ講義動画配信型のサービスモデルを取っている企業はどうでしょう。エリアの概念がそこまで強くないのでそれほど地場の競争にさらされず、教室の家賃や講師の人件費を抑えつつ運営できるので、ひょっとしたら「少子化」は「機会」なのかもしれません。

このように考えていけば自社のサービスモデルを意識して項目を吟味できるのですが、たいていの研修ではワークショップの時間は限られています。そこで受講者側には、「わかりきった強み」と「迷わせる項目」の印象だけが強く残るのです。

商品・サービスの強みを速攻理解するフレームワーク

SWOT 分析は初心者を対象にした取り組みやすいフレームワークのように扱われていますが、実際は逆です。「同じ項目であっても、環境によってAでもありBでもある」ということを判断しなくてはならないのは、明らかに上級者向けです。

そこで、究極的に「強みの発見」を目的に、もっと実用的にしたフレームワークが**「サービスバリューの窓」**です。

手順はこうです。まず、お客様アンケートで「(自社のサービスが）私にとっては○○のような存在」というフリーコメントを集めます。質問文では、「あなたにとってこのサービスの利用体験とはどのようなものですか？」と直接尋ねるか、「『○○の目的で使い、○○な状態になる』のような形で自由にお書きください。」と回答文例を提示して尋ねます。

この質問の回答タイプは複数回答も考えられますが、「サービスバリューの窓」では自由回答を使いましょう。選択肢を用意するとどうしても言葉が固定的になってしまうので、お客様の言葉・お客様の論点を知るために自由回答にします。

次に、集まったコメント内容を４つのサービスバリュー**<品質・費用・スピード・イメージ>**に分類していきます。それぞれ次のような観点からの評価になります（次ページ図を参照)。

この４つの要素はサービスの根幹を成しており、コメントを分類していくと自社の競争力の源泉がよくわかります。**事業運営において軸となる強みがはっきりするので、何をウリとして打ち出していくべきか明らかになる**のです。

また、SWOT 分析で得る結論との違いに気づくはずです。

SWOT 分析は強みの種類が多種多様であるのに対して、サービスバリューの窓は競争の軸となる観点が明らかになっていることがポイントです。4つの窓に収まった回答の濃淡を見て、理想とのギャップを埋め合わせていきましょう。

サービスバリューの窓

品質 Quality	費用 Cost
提供価値そのものへの評価 例：質が良いものを扱っている	価格設定や付帯的な販促オファーへの評価 例：割引率が高い
スピード Delivery	**イメージ Impression**
納品工程やアクセスに対する評価 例：すぐに品物が届く	利用体験全般への印象評価 例：仕事後の楽しみにしている

このフレームワークは、製造業の生産性管理の思考法として有名な「QCD」に、「Impression（イメージ）」を足してアレンジしたものです。

QCDはご覧いただいたように、あいまいさを排除する観点を持つ、製造業らしいアプローチを取ります。ただ、商品・サービスの購入・消費の現場では、「何となく雰囲気が好きだから」というあいまいな支持理由も一定数あり、この印象評価も大切な観点なので、「Impression（イメージ）」を入れています。

あなたの担当するサービスでは、どんな回答が集まってくるか、ぜひ実施してみてください。

③重視度×満足度マトリクス

強みを伸ばすべきか？
弱みを補うべきか？

前項までのフレームワークにより、強みの"種類"を把握することができました。

今度は、**「どの強みを伸ばすべきか」**や**「どの弱みを補うべきか」**という判断を助けるフレームワーク：「重視度×満足度マトリクス」をご紹介しましょう。

まず、お客様アンケートで重視度と満足度を確認します。

アンケート質問では、「一般の商品・サービスの利用にあたり重視していること」「自社の

重視度調査・満足度調査

重視していること（複数回答）<業界の商品・サービスの利用者>	満足していること（複数回答）<当社の商品・サービスの利用者>
Q 一般の商品・サービスの利用にあたり、どのようなことを重視していますか。あてはまるものをすべてお選びください。	Q 弊社の商品・サービスの利用にあたり、どのようなことに満足していますか。あてはまるものをすべてお選びください。
□ メリットA □ メリットB □ メリットC □ メリットD □ その他 □ 特にない	□ メリットA □ メリットB □ メリットC □ メリットD □ その他 □ 特にない
※選択肢は共通のものを使用する。	※選択肢は共通のものを使用する。

商品・サービスを利用して満足していること」の2つを尋ね、それぞれまったく同じ選択肢項目で結果を比較していきます。

結果の一次比較は折れ線グラフで行います。単純に重視度と満足度の結果を重ねてみましょう。そうすると、（業界で一般的な）**お客様のニーズに対して、自社がどの程度価値を提供できているか**を検証できます。

たとえばネット通販の業態においては「配送が早い」の項目は重視度スコアが高いことが多いのですが、もし当社の満足度スコアが低くて大きな乖離が起きていれば、改善すべきポイントとして認識できます。

一次比較の段階では、折れ線グラフを重ねて傾向を確認し、特徴的な動きをしている結果を確認するところまでです。各選択肢のデータを重視度と満足度のセットでわかるようにしておき、フレームワーク作成の準備をしておきます。

「お客様ニーズ」と「商品・サービスの提供価値」のギャップをチェックする

ここからはフレームワークの図の作成に入ります。

まず、横型の長方形を十字で四分割した表をつくります。縦軸は上に行くほど重視されている、横軸は右に行くほど満足されている、という見方をしてください。

表内にできた4つのゾーンには、右上ゾーンには◎、右下ゾーンには○、左上ゾーンには△、左下ゾーンには×を、それぞれ目印として書き入れていきます。

次に、お客様アンケートの結果をテキストでこの図表内に入れていきます。

たとえば、「品揃えが豊富」は重視度も満足度も高いので◎ゾーン、「配送が早い」は重視度が高い中で満足度は低めなので△ゾーン、という具合です。

すべての結果を表に収めるのではなく、重視度の数値に照らし合わせて、満足度の数値が高いもの・低いものを中心に入れていきます。特徴的な動きをしている項目だけを取り出すので、各ゾーン1～3項目くらい入っていればOKです。

すると、商品・サービスの強み・弱みである各項目を今後どのようにすべきか、ひと目でわかるようになります。各ゾーンの解釈は右図を参照してください。

今後の強化領域を迷わず判断する

重視度と満足度を比較する手法はマーケティングリサーチの

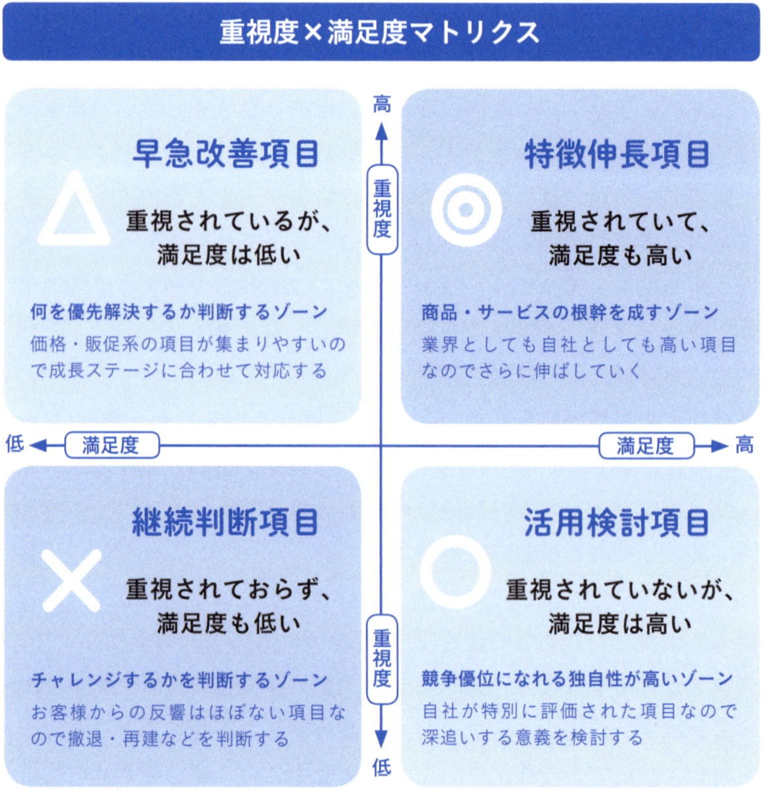

重視度×満足度マトリクス

高
重視度
低

低 満足度 高

早急改善項目
△
重視されているが、満足度は低い
何を優先解決するか判断するゾーン
価格・販促系の項目が集まりやすいので成長ステージに合わせて対応する

特徴伸長項目
◎
重視されていて、満足度も高い
商品・サービスの根幹を成すゾーン
業界としても自社としても高い項目なのでさらに伸ばしていく

継続判断項目
×
重視されておらず、満足度も低い
チャレンジするかを判断するゾーン
お客様からの反響はほぼない項目なので撤退・再建などを判断する

活用検討項目
○
重視されていないが、満足度は高い
競争優位になれる独自性が高いゾーン
自社が特別に評価された項目なので深追いする意義を検討する

技法そのもので、フレームワークの方は経営分析の「プロダクト・ポートフォリオ・マネジメント」の理論がもとになっています。

いずれもそれぞれの分野で有名な分析法ですが、ビジネスでより使いやすいようにアレンジしたのが本項の内容です。

これらのもとの分析法が優れているのは、強みの種類・弱みの種類を把握するだけでなく、**判断に直結するフレームを持っている**ことです。私たちはいま何を優先して強化すべきなのか？　ということを、関係者全員と共有できるのです。

優先度ビジョンの共有は、サービス・組織とも成熟してくると必ず発生する課題なので、ぜひこの分析法で取り組んでみてください。

最後に、図のつくりについて補足します。

このアウトプットは、ローデータをもとに座標軸を決めてつくるのが正確なやり方であり、「グラフでチャートにした方がいいのではないか」と、私自身何度か言われてきたことがあります。ボックス内にテキストで項目を配置するのは、たしかに少し大ざっぱだという自覚は私も持っています。

ただ、グラフでチャートにするやり方は、表内に配置される項目が細かくなりすぎるデメリットがあります。1箇所に項目が5～6個集中することは珍しくなく、項目名が読み取れなかったり、引き出し線をつけて場所を変えるにしても視線移動回数が多くなったりします。

一方でこのフレームワークの本質は、「関係者全員と優先度ビジョンを共有することにある」とお伝えしてきました。この趣旨からすると、正確なグラフチャートづくりにこだわって視認性を犠牲にするのは本末転倒なので、誰の目にもぱっとわかるアウトプットで勝負するというわけです。

④戦略スペクトルマップ

つい頼りがちな"ふわっと"キーワードにご用心

小売店やウェブサイトのコンセプトを企画する際に、企業が「つい頼りがちなキーワード」があります。代表的なのは次のようなものです。

- **私らしさ**
- **おしゃれ**
- **しあわせ**
- **ここにしかない**
- **写真に撮りたくなる**
- **新業態**

もしこれらのうち1つでも使っていたら、キーワードの見直しを検討してください。なぜこれらのキーワードは問題なのでしょうか？　2つの理由からお答えしていきましょう。

1つめの理由は、**「差別化につながらない」**ことです。

周りの小売店・サイトを見渡してみてください。同じようなキーワードがあふれているはずです。使いやすくてわかりやすいキーワードは皆が思いつくもの。出てくるワードはどれも無難なので、社内決裁時もまず否定されることはありません。

しかしながら、お客様の側から見ると至極当たり前のキーワードであり、特別な印象は残りません。これでは、「私たちには個性がありません」と言っているようなものです。

2つめの理由は、**「具体的なカタチにできない」**ことです。

例として取り上げたキーワードはどれも、「当社の商品・サービスであなたの願いが叶う。暮らしが豊かになる」という発想を原点に持っています。しかし、実際のビジネスに落とし込もうとすると無理が出てきます。「しあわせとは何か？」という議論や、「ここにしかない、とか無理だから」という反発を生みます。

すべてにちょうどよく当てはまりそうな代わりに、「何者でもない」のが前述のキーワードの欠点です。従業員が各現場で使いこなすことができないキーワードは自然消滅します。

自社が「何屋」か ひと目でわかる

とはいえ、これらのキーワードを使わずにコンセプトを考えるのは難しく、無の状態からようやく出てきたキーワードであれば、捨てがたいことでしょう。また、新規参入・後発参入の場面では、そうそう都合よくまったくの新規ポジションが空いているわけではなく、オリジナルの立ち位置を確保しにくいのも事実です。

そこで活用するのが「戦略スペクトルマップ」です。

まずは事前の準備として、お客様アンケートで「自社の商品・サービスのイメージ」を集めます。

ブランドイメージ(複数回答)
自社の商品・サービスの利用者

Q (自社の商品・サービス)のイメージとしてあてはまるものをお選びください。

- □ メリットA
- □ メリットB
- □ メリットC
- □ メリットD
- □ その他
- □ 特にない

アンケートで自社の商品・サービスを代表するイメージが出揃ったら、そのうち、際立ったイメージを2つピックアップします。

2つのイメージは必ずしも得票順に選ぶのではなく、**「自社が注力しているもの」**で**「市場との親和性が高いもの」**を選んでください。得票順に選ぶと、「価格の安さ」や「立地の良さ」といった最大公約数的なものが出てくる可能性があるので、(競争戦略にもよりますが) そこで勝負するのは避けます。

2つの際立ったイメージを選び出したら、縦軸と横軸で十字を組んだマップをつくります。軸の両極は対の関係になるようにします。

小売店・ECサイトのビジネスでは次のような対比軸が考えられます。

高単価	⟷	低単価
デザイン	⟷	実用性
ハイセンス	⟷	カジュアル
全国展開	⟷	都市型

そして決定した2軸の中に、自社を含む業界のプレイヤー(競合他社) を配置していきます。

このマップは競合の立ち位置を利用して分析するところがミソなので、競合の粒度が揃っていないといけません。たとえば、学習塾業界であれば、「学習塾」では広すぎてしまうため、サービス体験や料金体系が似る「個別指導スタイルの塾」くらいまでに絞ります。こうすると、マップに登場するプレイヤーの数も絞られてきます。

ポジショニングとは、商品・サービスの「最適なレベル感を設定すること」

このフレームワークのポイントは2つあります。

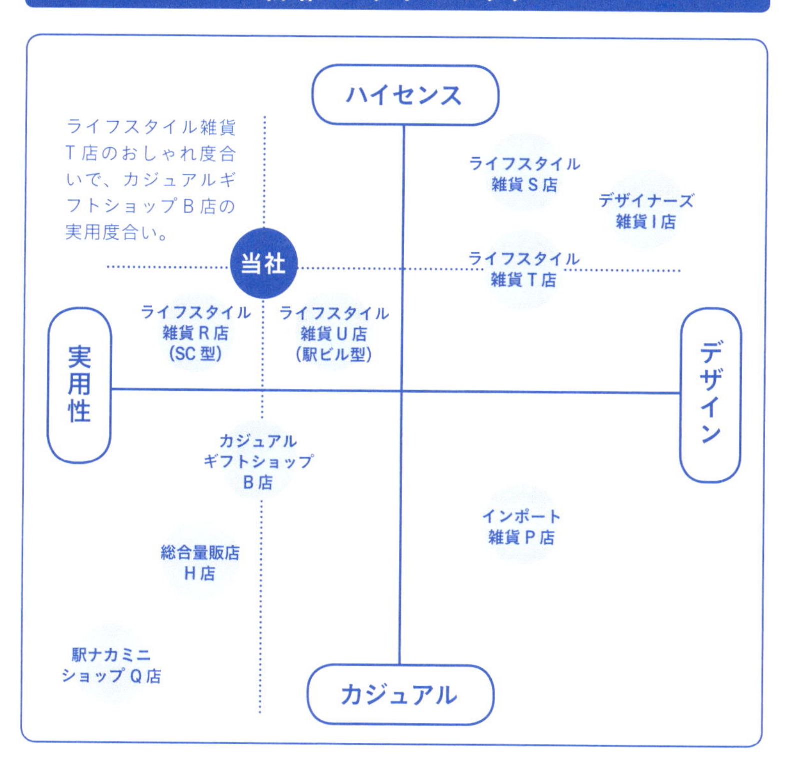

①差別化できる市場が見つかりやすい

1つめは、軸を2つ設定することで、**差別化できる市場が見つかりやすくなること**です。

たしかに、新規でオリジナルの立ち位置を確保するのは難しいもの。でも、自分たちが自信を持っている項目が2つ合わされればどうでしょう。流行り廃りが最も激しい芸能界においても、息が長い活動をしているタレントは、「食通の番組司会者」・「頭が良いお笑い芸人」・「しゃべれるモデル」など、2つの特徴を組み合わせて独自のポジションを築き上げている人気者が多くいます。

この「○○系×○○系」の組み合わせは、ビジネスシーンにおいても有効です。フレームワークでは、自社が評価を得たい任意の2軸を決めてプレイヤーを配置していくので、文字通りこちら側で"土俵"をつくることができます。

②自社が目指すレベル感を調整しやすい

2つめは、現存する業界のプレイヤーを軸に相対的なポジションを決定するため、自社が**目指すレベル感を調整しやすいこと**です。

自社が注力する差別化の軸を2つ設定しても、同じ業界であれば、なお他社とかぶってしまうことはあるでしょう。ここで大事になるのが「スペクトル」です。「スペクトル」は光の中にある色の帯のことを言いますが、すなわち、「どのレベル感でやっていくか」というグラデーションのことです。

他社の位置取りを見ながら自社のポジションを位置づけていけばいいので、スペクトル（レベル感）は誰の目にもブレない定義になります（マップ上の座標がオリジナルの立ち位置になる）。

もともとマーケティング用語としての「ポジショニング」は、ポジションを"取る"という言葉の通り、「強みを活かせる→場所を選ぶ」という意味があります。相対的な比較の中で自社の位置づけを捉えるための技術なので、共通認識がブレにくく、誰にとってもわかりやすい説明が可能になります。

⑤360度ポジショニングマップ

「競合の定義」を見直せ！

自社の立ち位置を知る手がかりとして欠かせないのが**「競合の定義」**です。

そもそも、あなたはどんな同業他社を自社の競合としてイメージしているでしょうか？

通常、「競合」といえば直接的にシェアを奪い合う関係の「業界プレイヤー（同業他社）」を想像します。健康食品の専門ECサイトならば、同じような品揃えで同じような販売手法を取っている健康食品の専門ECサイトが当然競合になります。

でも、あなたが消費者の立場になると、どうでしょう？

そうです。健康食品は「専門ECサイトから買うもの」ではなく、いろいろな販売チャネルの中から購入時に最適な選択をします。ある時は食品スーパーかもしれないですし、ある時はテレビ通販かもしれません。

消費者サイドから見ればごく自然な意思決定も、企業サイドからすると、直接的な自社の業態以外にも存在する消費選択上の競合の姿はわかりにくいものです。日々の業務に浸かっているとつい直接的な競合の動向のみを追いかけてしまいますが、マーケットで生き残っていくには広い視野が必要です。

昨今のマーケットはどんどんボーダレス化しています。総合ECサイトが専門ECサイト並みのバリューを持っていたり、ネットショップがリアルショップも運営していたり。お客様の一回あたりの消費を奪い合う競合は増えています。

そのため、カテゴリ・チャネルをまたいだプレイヤーとの優劣関係はぜひとも把握しておきたいところです。

真の競合を発見するフレームワーク

そこで、お客様が自社の商品・サービスを使ううえで競合になり得るあらゆるサービスとの使い分け方をアンケートで整理します。

アンケートの質問では、各カテゴリ・各チャネルを代表するプレイヤーの名前を並べ、次のように違いや使い分け方を自由回答で尋ねます。

ベンチマークサービスとの使い分け方（自由回答）
<自社の商品・サービスの利用者>かつ<特定の商品・サービスの利用者>

Q （自社の商品・サービス）を利用していただいているのはどのような理由からですか。（ベンチマークしている商品・サービス）との使い分け方があれば、引き合いに出してその違いを教えてください。

ベンチマークしている商品・サービスとの使い分け方
［ 自由回答 ］

※自社の商品・サービスがあまり知られていない状態の場合、尋ね方を逆にして、ベンチマークしている商品・サービスを主に回答してもらい、ついでに自社の商品・サービスとの違いについて尋ねる設計にする。

結果データから、カテゴリ・チャネルごとに主だった回答をピックアップし、論点トピックに集約していきます。たとえば次のようになります。

カテゴリ・チャネル：回答結果サマリ→論点トピック

総合ECサイト：送料が無料・配送が早い→デリバリー

専門ECサイト：クチコミ・商品比較・ランキング検索→サイト機能

専門店：店員の説明・価格交渉→接客サービス

コンビニ：弁当・おやつ・本を買う→日用品

ここからはフレームワークの図の作成に移ります。

図の中心に自社のロゴを置き、環状に競合プレイヤーのロゴをぐるっと並べます。比較する競合の数は8～14社くらいにします。少なすぎると比較できませんし、多すぎると表に収まりきらないので、比較する意味のある競合を選び出しましょう。

プレイヤーを環状に配置できたら、自社と競合の中間に「論点トピック」を配置し、両矢印マークで結びます。そして論点トピック付近に回答結果サマリを配置します。ちょうど論点トピックを通じて自社と競合が対になるような構造になります。

この作業を競合プレイヤー分続ければ、360度ポジショニングマップの完成です。

論点トピックを媒介にして、「真の競合」に対する打ち手を考える

完成したフレームワークを見ると、各カテゴリ・各チャネルとの関係性が可視化されていることがわかるでしょう。

たとえば、自社が総合ECサイトで、リアルの店舗と比較する場合。論点トピックを見てみましょう。コンビニは「買い忘

360度ポジショニングマップ

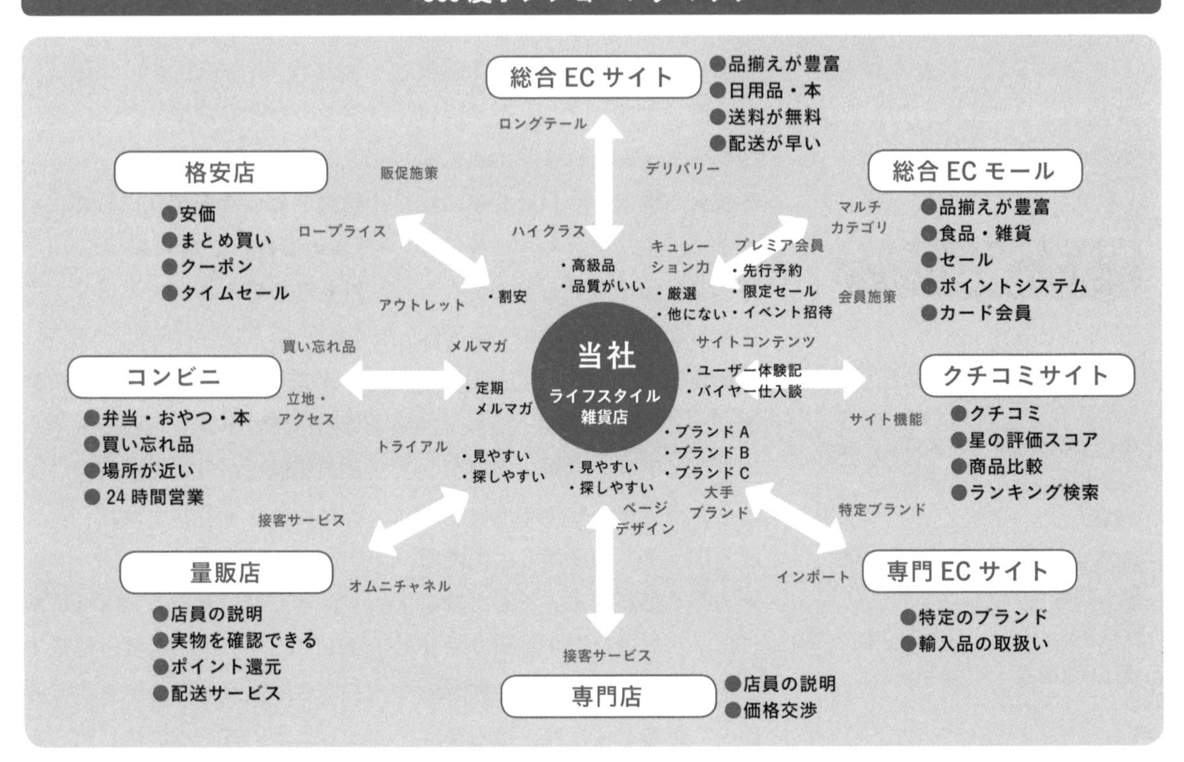

れ品」に強い、専門店は「輸入品」に強い、量販店は「大量購入」に強い、という傾向があります。

アンケートの結果自体は、おそらく頭の中では想像できていることばかりでしょう。

でも、両矢印で結ばれた自社の方には、どんな打ち手が揃っているでしょうか？　きっと対策が必要なところに対して、何も打ち手が入っていないことがあるはずです。

こうしてマップ上に可視化することで、カテゴリ・チャネルを超えて競合するプレイヤーの脅威を認識することができ、初めて対抗策を考えるきっかけが生まれるのです。

この場合、自社はECの特性を持っているので、コンビニの「買い忘れ品」に対してはユーザーに定期メルマガを発信したり、専門店の「輸入品」に対してはデザインイメージを変えて印象を強くしたりすることで、対策を打っていくことができます。

もちろん打つ対策について、すべてのカテゴリ・すべてのチャネルの競合と張り合うのは不可能です。資金も人材もいくらあっても足りません。

ここで大事になるのは、自社のポジション取りです。

ポジショニングとは、前項で説明した通り、マーケットにおける自社の「見え方・見せ方」を変えることです。

すなわち、競合他社に対する優位性と劣位性を見ながら、差別化する部分、同質化する部分、あるいは捨てる部分を判断していきます。

ポジションを取捨選択した結果、展開が完全にかぶる企業があれば、それが「真の競合」です。対抗策はこの「真の競合」を意識して行うと、意味のある打ち手になります。

新規のお客様を獲得する リサーチ

Chapter 4

01 もっと「新規のお客様」のことを知るために

表面的な商品政策・販促施策には限界がある

新規のお客様を獲得するために、皆さんの会社ではどんな取り組みをされているでしょうか。きっと、会社でコレと決めている必勝パターンがあるはずです。

しかし問題は、その必勝パターンの勢いが鈍化した時にどうするかです。急に獲得数が先細りし始めて、追加投資しても投資分の効果はなく、他にもまったく当てがない状態。担当者としてはすごく焦る局面ですよね。

では、新規獲得に苦戦する原因はどこにあるのでしょうか。それは、**表面的な商品政策・販促施策**にあります。仮に有名人を起用しても、豪華景品を用意しても、"客寄せ"の効果は長くは続きません。**もともとの「商品・サービスならではの価値」を発信できないと、成長はすぐに頭打ちになります。**

デジタル分野に強い企業でも注意が必要です。デジタルマーケティングに強い会社では、新規獲得にあたり高度なマッチング施策・レコメンド施策を実施します。ところがこうした施策も、盛り上げ方を間違えると「既存のお客様がさらに買い増す」事態を招きます。結果、売上は上がっても新規は増えていないという状態に。これも原因は**新規向けの商材・宣材を用意**

できていないことに尽きます。気をつけたいのは、単に自社で今好調の商品と売り方をプッシュしても、新規のお客様に響くとは限らないということです。マッチング施策・レコメンド施策はもちろん有効なのですが、施策の方向性はコントロールしないといけません。

そうです。**私たちはメディアやツールを知る前に、「新規のお客様」のことを知る必要があります。**お客様（となる人）のことがわかっていれば、手持ちの商材から何をくり出して、どんな売り方で提案すべきか、はっきりします。そうすれば、メディアやツールをもっと活かせる必勝パターンが出来上がります。

本章では、新規のお客様獲得に必要な準備を、4つのステップで解説します。ポイントは、いずれのステップにおいても、**「お客様の顔を知ること」**。リサーチ力があれば、必勝パターンは1つではなく複線化できます。しかも、メディアやツールの勢いに頼るのではなく、攻め方に自信を持って挑むことができます。

皆さんの会社ならではのキラーデータをつくりにいきましょう！

新規のお客様を獲得する4ステップ

ステップ1
自社のポジショニングを知る

ステップ2
商品・サービスのペルソナをつくる

ステップ3
商品・サービスのポリシーをつくる

ステップ4
商品・サービスのブランドポートフォリオをつくる

Chapter 4

02 自社のポジショニングを知る

新規獲得の投資効率を上げるために

新規のお客様獲得ステップ、1つめは「自社のポジショニングを知る」ことです。

新規獲得のための活動は、数ある事業活動の中でも最も非効率な動きを強いられる活動のひとつです。リーチを広げて露出をするのに莫大な費用がかかり、リピーターと比べて販促効率・営業効率はダントツの悪さだからです。皆さんの会社でも、新規獲得に一定額の投資をキープしつつも、常に投資効率を上げる方法を模索しているのではないでしょうか。

この時に大事なことは、**お客様の中に「既にあるイメージ」に乗った打ち出しを考えること**です。お客様が期待する「自社の役割」を取り込むことができれば、意味のあるテーマだけに集中して投資することができます。

そこで使うのが、マーケットデータ分析のフレームワーク**「360度ポジショニングマップ」**です。このフレームワークは、アンケートでお客様に「自社＋他社の印象・評価」を尋ね、同じ項目を対比させてマーケットの中での自社のポジションをつかむやり方でした。フレームワークの項では、カテゴリやチャネルの枠を超えて、消費上のすべての競合プレイヤーとの比較を行いましたが、このマップは、同一カテゴリ、つまり、一般的な同業他社との比較でも使えます。早速、使い方を見ていきましょう。

お客様にとっての自社の役割をつかむ

新規獲得のためのファーストステップは、**まず自社の特徴を洗い出す**ことから始めます。

企業における商品戦略は、通常、「セレクション」（取扱い件数）に照準が合っています。皆さんの会社でも、商品数・掲載数・契約数のような網羅性を意識した目標が立てられているのではないでしょうか。

この意識は絶対に必要なのですが、問題は、<ブランドアイデンティティ>まで<セレクション>に委ねてしまうことにあります。もし<自社の特徴>を<取扱い件数>に定めていると、社員から次のような言葉が出てきます。

「ウチってコレという特徴がないよね…」
「エリア別の特徴を出すとか無理じゃない？」

仮に実績としては誇るべきものがあっても、ブランドアイデンティティが欠落している状態は黄色信号。新規の対策を考える以前の問題です。

そのため、まずは「自社の特徴」を皆で認識できるようにします。商品発売 / サービス開始当初の特徴はあくまで自社が定義したもの。そうではなく、**今現在お客様がどのように特徴を捉えているのか、リサーチで測定していきましょう。**

ここで、「360 度ポジショニングマップ」の活用法を、旅行メディアを例にして見てみましょう。

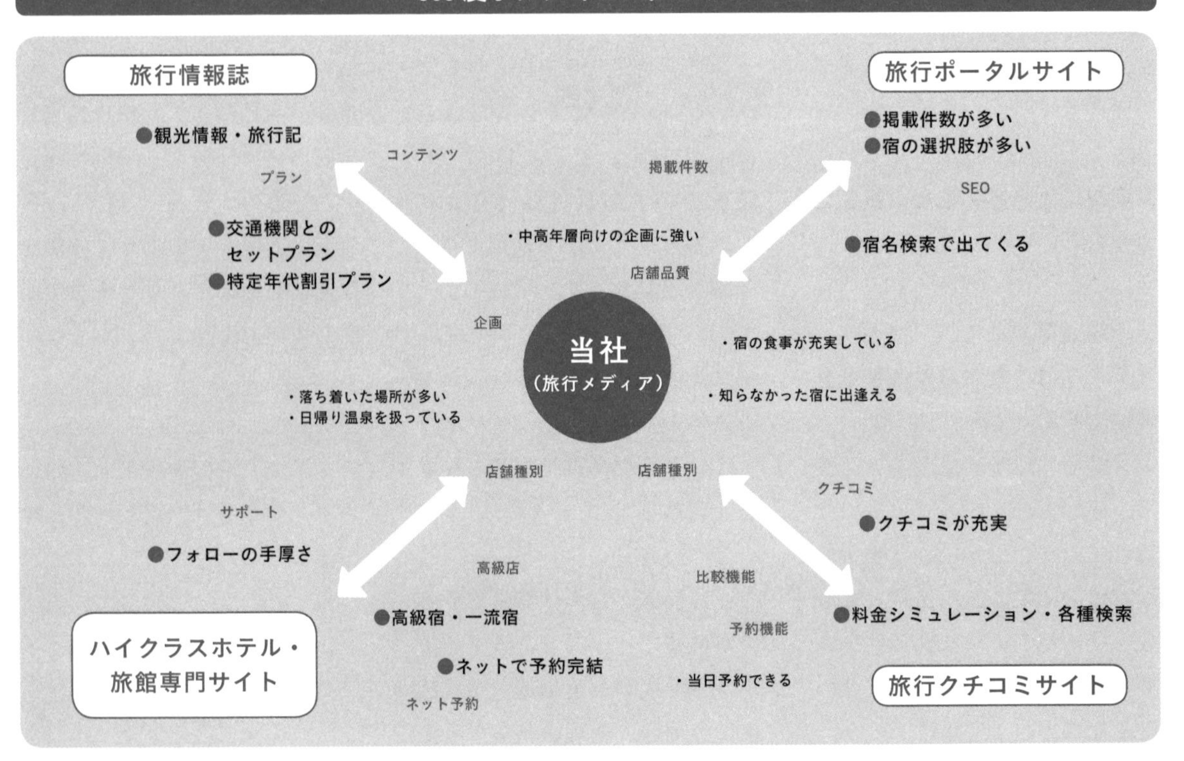
360度ポジショニングマップ
旅行情報誌
旅行ポータルサイト
●観光情報・旅行記
コンテンツ
プラン
掲載件数
●掲載件数が多い
●宿の選択肢が多い
SEO
●交通機関との
セットプラン
●特定年代割引プラン
・中高年層向けの企画に強い
店舗品質
●宿名検索で出てくる
企画
当社
（旅行メディア）
・宿の食事が充実している
・落ち着いた場所が多い
・日帰り温泉を扱っている
・知らなかった宿に出逢える
店舗種別
店舗種別
クチコミ
サポート
●クチコミが充実
●フォローの手厚さ
高級店
比較機能
●高級宿・一流宿
予約機能
●料金シミュレーション・各種検索
ハイクラスホテル・
旅館専門サイト
●ネットで予約完結
・当日予約できる
旅行クチコミサイト
ネット予約

マップのつくり方は簡単です。アンケートで自社＋他社のイメージを取得できたら、各社の特徴をマップの中に配置していきます。マップは自社（旅行メディア）を取り囲むようにぐるっと競合他社（ポータルサイト・クチコミサイト・専門サイト・旅行情報誌）を並べます。そしてそれぞれのプレイヤーとの特徴を対比することで、自社の傾向をつかみます。たとえば前ページのようになります。

対比した特徴を見てみると、「宿の食事が充実している」「中高年層向けの企画に強い」など、自他ともに認識済みのものもあれば、「落ち着いた場所が多い」「日帰り温泉を扱っている」など、相対的にそういう位置づけになっているものもあります。

数ある特徴項目を見渡して、**「他社があまり力を入れていなくて、ターゲット層に響きそうな項目」がねらいめです。**その項目が新規獲得にあたり大きな旗印になります。

お客様から見ても、「たしかに○○のイメージがある」もしくは「言われてみれば○○に強そう」というように認識されれば、唐突な感じはないので受け容れられやすく、良い意味で意外性もあるので、新規のお客様向けにぴったりの打ち出しができます。

これで「自社らしさが感じられる特徴」がわかりましたね。

Chapter 4

03 商品・サービスのペルソナをつくる

どうしてもペルソナが必要な理由

新規のお客様獲得ステップ、2つめは「商品・サービスのペルソナをつくる」ことです。

ペルソナづくりの重要性はこれまでに解説済みですが、いざ新規獲得を！となると、つい疎かになりがちです。「つくるのがめんどうだから、本当に役に立つとは思えないから」という理由で端折られてしまうプロジェクトも少なくありません。

特に、販売データの収集・分析に力を入れている企業ほど、ペルソナをあいまいにする傾向があります。ふだん見ているデータがしっかりしている分、ペルソナに依拠する必要性を感じづらいのです。

でも、この体制でやっていくには重要な前提があります。

社内でデータの解析に長けたスーパーデータサイエンティストがいることです。しかも、データの整備を行うだけでなく、活用法まで積極提案できることが条件です。これは採用のハードルが高いうえに、ひとりの人材に頼りすぎです。

組織で勝ち抜くには、全員が理解できて全員が発案できる業務モデルをつくらないといけません。その体制づくりのカギとなるのがペルソナの活用です。

本節では、**「リアリティのあ**

るお客様ペルソナのつくり方」を使います。この方法は、アンケートでお客様に「カテゴリ特性に合わせたキラー質問」を重ねて、お客様の志向性を把握するやり方でした。

獲得すべきお客様イメージを全員が認識できていると、「こういう企画が必要なのでは」「ここはこの表現が適しているはず」という具合に、スタッフの誰もが新規向けの提案を意識した顔つきに変わってきます。

自社の商品・サービスのペルソナを活用して、誰もが企画提案に参加できるしくみをつくっていきましょう。

単体の販売データからは新規対策が浮かんでこない理由

ペルソナづくりに入る前に、販売データ分析だけに頼る難しさについてもう少し知っておきましょう。

あなたの会社でお客様情報を個別に識別できるようなしくみを持っていれば、つまり、会員組織を持っていれば、購買金額・購買頻度などの指標によってデータを分析できるでしょう。たとえば次のような具合です。

この販売データをもとにすると、女性で3回以上購入してい

あるカテゴリにおける販売データ分析の例

累計購入件数 25,000件		累計3回以上の購入件数 5,000件	
女性	17,000件（68%）	女性	3,500件（70%）
男性	8,000件（32%）	男性	1,500件（30%）

る会員に対するアプローチが良さそうなことがわかります。

しかし、あなたはこの販売データから「それ以上の何か」を導き出すことはできるでしょうか。しかもリピートではなく、新規獲得対策でです。

今あなたがちょっと首をひねった以上に、ふだんデータに接していない人にとっては、新規対策を考えるにはハードルが高いことがわかります。単体の販売データだけでは、ターゲットのセグメンテーションまでしかできません。これが"データに強い"企業が陥りがちな課題です。

ペルソナをつくって商品戦略に落とし込む

では、ペルソナを活用すると何ができるのでしょうか。旅行業界を例にして見ていきましょう。

旅行業界のお客様をリサーチする時は、オーソドックスに居住地・世帯年収・年代にフォーカスしてイメージを固めていくのが有効です。

また106ページの「お客様イメージの宝庫！雑誌の超活用法:③世代を意識した特集」と、116ページの「同：⑥サブカテゴリ特集」を活かして、ターゲット層が好む旅行の中身を調べます。ここでは、『日経おとなのOFF』『旅の手帖』を見ると良いでしょう。大人世代が好む旅行のイメージを深めることができます。

その結果、ざっくりと次のようなペルソナが出来上がります。

このペルソナを見ていると、ターゲット層に合った商品戦略を考えられそうですよね。

ペルソナイメージ

- 40代～60代
- 子育てが手離れしていて、仕事も安定している
- 旅行に行くまとまった時間がある
- 子育て世代は家族旅行、年輩層は夫婦旅が中心
- いろんな体験や新しい学びを求めている
- 目的を絞り込んでゆっくりと過ごしたい
- 移動・運転のストレスは少ない方がいい

マッチしそうな商品戦略

- ご当地グルメプラン（高級食材・地のもの・旬のもの）
- 露天風呂付客室／貸切露天風呂プラン
- 定期性・周期性のあるプラン（テーマパーク・伊勢神宮参拝・熊野詣）
- 日帰り温泉食事付きプラン
- フルーツ狩りセットプラン
- 大人向け・夫婦旅・お祝い・記念旅行に向いたエリア＝必ずしも旅行の花形エリアではない。
- 観光都市と温泉地を相互変換してわかりやすく打ち出す。（「大津↔おごと温泉」「米子↔皆生温泉」）

このようにまとめてみると、高い宿ばかりでなくても、結果的に高収益をキープできそうです。こだわりがある体験＝それなりの商品単価だからです。

特徴がはっきりしているので販促効率は良くなり、商品イメージに合った重点地区も絞られて営業効率も良くなります。本章で論じている新規獲得において課題となる投資効率の悪さを解消できそうですよね。

これで「お客様の志向性」がわかりました。

Chapter 4

04 商品・サービスの ポリシーをつくる

ポリシーがないから起きる悲劇

新規のお客様獲得ステップ、3つめは「商品・サービスのポリシーをつくる」ことです。

ここからは、実際に商品・サービスを集め出す/つくり出すステージに入っていきます。プロジェクトにおけるハードルがぐっと上がるのもこのステージからです。

ここで、過去にプロジェクトマネジメントを担当したことがある方は思い返してみてください。部門あるいは個人がいきなり個別のモノを仕入れたりつくり出して、あとで会社として取りまとめる時にバラバラすぎて収拾がつかなくなった、という経験はないでしょうか。取りまとめの会議の場で担当役員から、「これ、誰が契約してきたの?(つくったの?)まったくイメージと違うんだけど」と指摘が入り、その場が凍りつくあのシーンです。

これは「商品・サービスのポリシー」が確立されていないために起きる悲劇です。お客様データを取りためただけで動き出すとこうなります。

本節では、190ページで紹介した**「アイテムとプライスの7並べ」**を使って、この課題を解決していきます。この方法は、特定カテゴリの商品・サービスラインナップを考えるにあたり、マークする他社の棚（品揃え）を見て、中心価格帯をチェックするやり方でした。

175ページではプロスポーツ球団のオフィシャルグッズショップを例に、物販タイプの店をチェックする方法を提示しましたが、このウォッチング術は**サービスタイプの商材でも有効**です。アイテムのところをメニュー・プランに置き換えれば良いのです。では使い方を見ていきましょう。

KPI（売上）によって狂わされるKGI（コンセプト）

あらためて、「いきなり商品・サービスを集め出す / つくり出すと、どんなことが起きるか」を確認しましょう。

たとえば本章で例にしている旅行メディアの場合、メディアのコンセプトがどんなものであれ、具体的に宿と契約する（宿を掲載する）となると、セールスやバイヤーのスタッフは、料金が高い宿を優先してピックアップしてきます。

もちろんこれは、「売上を上げる」という至上命題に沿えば、企業として正しいことになりますが、これでは新規のお客様を獲得できません。なぜならまったく買いやすくない（利用しやすくない）価格帯だからです。

選んできたスタッフに、「あなたは初めて利用する時、その料金で利用するの？」と問いただしてみても良いでしょう。きっと答えはNoです。ましてや自社でのブランド体験が浅い新規のお客様がそうそう簡単に反応してくれるわけがありません。

もちろん売上の保持にはそういう高単価な宿が必要にはなりますが、そればかりを取り揃えていると、自社のコンセプトが大きく揺らぎ、「ただ高い宿を紹介している」メディアになっていきます。

こういうギャップが発生する原因は、良くも悪くもKPIにあります。多くの会社では売上をKPIに据えていますが、「高単価な商品を入れておけば高売上になる」という発想にとりつかれていると、自社の特徴がなくなっていきます。つまり、**KPI（売上）によって最終目標であるKGI（コンセプト）が狂っていく**のです。

特に、商品や原材料の調達・仕入れが動いていたり、ショップやサイトのオープンが差し迫っていると、あとから修正しようとするのは至難の業。いったんプロジェクトが走り出すと、冷静な判断ができなくなります。

そこで、誰が動いても一定要件の商品選定・商品開発ができるよう、目安となる指針を事前にスタッフ間で共有します。それが本節のトピックである「商品･サービスのポリシー」です。

ポリシーが固まっていれば商品はブレにくくなる

まずは、「アイテムとプライスの7並べ」の要領で、マークする他社メディアが出している宿の価格帯を見てみます。

- 安価帯の中心にはどんな宿/施設があるのか→日帰り温泉・民宿・ゲストハウス・etc（気軽に利用したい時に）

- 高価帯の中心にはどんな宿/施設があるのか→外資系ホテル・高級旅館・リゾートホテル・etc（リッチな体験の時に）

このうち、自社のお客様は「いいものにはお金をかけるけれど、ステータスよりも体験重視」という傾向がわかっていれば、次のような「商品・サービスのポリシー」を立てることができます。

A 安価帯の中心
エントリーモデル（日帰り温泉）

- 入浴単価 1,500円〜3,000円（銭湯やふつうのスパよりも高額）
- 食事付きプランあり（施設内でいろいろな体験を楽しめる、大型施設としての温泉テーマパーク）
- 最寄駅からの送迎バスがある
- できればエリアの中核地寄りの立地であること

B 高価帯の中心
ハイエンドモデル（宿泊旅館）

- 1泊2食4万円前後（中の上クラスで、目立った特徴のある宿）
- 準ハイシーズン期を中心に取扱う
- 天然温泉はマスト
- 露天風呂付客室、貸切露天風呂がウリになっている

※「高級」なだけでは優先度を上げない

前節で調べたお客様の志向性を考慮して、「近場で楽しめる」「移動がスムーズ」などの要素を意識しました。かつ、「温泉」のバリエーションにもこだわりを持ち、「日帰り温泉」や「温泉テーマパーク」などを入れることで、セレクトの独自性をキープできるようにしています。

ここまでポリシーが固まっていれば、セールスやバイヤーが案件をかき集めてきた時、大きくブレることはありません。仮にベタな人気温泉地である伊豆・熱海・伊香保・草津エリアを取扱うとしても、しっかりと自社らしさをアピールできることでしょう。

これで「商品・サービスのポリシー」ができました。

Chapter 4

05 商品・サービスのブランドポートフォリオをつくる

ブランドポートフォリオがなくて起きる悲劇

新規のお客様獲得ステップ、4つめは「商品・サービスのブランドポートフォリオをつくる」ことです。

新規獲得のためのリサーチもいよいよ終盤。商品・サービスのポリシーも固まり、さあこれで安心、と思いきや、まだまだ油断ができません。なぜなら新規獲得のプロジェクトでは、具体的な商品・サービスを選定する・開発する段階になると、今までのリサーチ結果がなかったかのように、急にコモディティ化(ありきたりで一般的な状態)する傾向があるからです。

本章で例にしている旅行メディアの例でいえば、「リッチな宿・特定のブランド宿・温泉宿・観光名所……」のような、ありきたりな商品構成になっていきます。これではいかに商品ポリシーに合致していても、「自社らしさ」がどこにも感じられないですよね。

そこで必要になるのが、**「ブランドポートフォリオ」**です。「ブランドポートフォリオ」とは、**「実際の商品・サービスのラインナップイメージ」**を示すものです。

そこまでするのはセールスかバイヤー個人の仕事では？と思った方は要注意です。細部を個々のスタッフ任せにしていると、とたんに統一感がなくなっていきます。また今から説明するのは、本部が管理しまくるスタイルとも異なります。**「現場の積極性を引き出しつつ、全体として統一感もある」スタイルを目指します。**

ブランドポートフォリオは2ステップで作成します。やり方を見ていきましょう。

①お客様の利用データと親和性が高い自社らしい主力テーマを見つける

まずは主力テーマを設定します。本章を通じて、「自社らしさが感じられる特徴」と「お客様の志向性」は既に明らかになっています。その中から勝てそうなテーマを選び出しましょう。テーマは下の3点を基準に選出します。

テーマは、メジャーすぎてもだめ、かといってニッチすぎてもだめ。とても難しいさじ加減が求められるのですが、皆さんはこれまでのリサーチ結果をもとに、絶妙に自社にぴったりのラインが見えているはずです。

前節でつくった「商品ポリシー」も加味して、たとえば次のように新規獲得を意識したモデルをつくることができます。

テーマの選出基準

①**市場性がある**…消費マーケットがそれなりに大きいこと

②**独自性がある**…取扱うことで自社のカラーになること

③**普遍性がある**…いつの時も安定した需要が見込めること

エントリーモデル（日帰り温泉）

- 温泉テーマパーク（大型施設）
- スパリゾート・健康ランド
- ホテル・旅館併設（格式あり）
- テーマパーク併設（有名施設）

ハイエンドモデル（宿泊旅館）

- ブランドイメージの親和性が高い宿
- 超グルメ宿
- ファミリー受けする宿
- クラシックホテル・有名老舗旅館

このテーマ構成なら自社らしさが感じられて、お客様の志向性にも合っていますよね。

これで、ありきたりな、あるいは単にクラスが高いだけの（つまりコモディティ化した）旅行メディアと一線を画すことができます。

②実際の商品・サービスのラインナップをピックアップする

主力テーマが決まったら、実際の商品・サービスのラインナップ（ブランド）をピックアップしていきます。

この工程ではまず、アウトプットをまとめる表をつくります。横軸に施設名と主力テーマを配置し、縦軸には（旅行メディアの場合）都道府県を配置していきます。そしてそれぞれの都道府県枠の中に、各テーマに合致する宿をピックアップしていきます。

たとえば、次のようなイメージです。

エントリーモデル（日帰り温泉）

	施設名	スパリゾート・健康ランド（有力施設）
○○県	健康ランドU	首都圏有数の浴場数と宴会場を持つ元祖日帰り温泉
○○県	日帰り温泉H	有名温泉郷直送の湯を使った展望足湯が人気の施設
○○県	レディスサウナL	女性向けにエステとマンガに力を入れたスパ施設
○○県	スパリゾートQ	海岸線を一望する大プールがウリのスパリゾート

ハイエンドモデル（宿泊旅館）

	施設名	超グルメ宿
○○県	グルメ宿Z	地元を代表するブランド米2種を朝夕の食事ごとに選べる宿
○○県	グルメ宿J	採れ立て旬の食材から料理長が当日のメニューを決定する宿
○○県	グルメ宿S	地元で獲れる高級海鮮類を別注調理オーダーできる宿
○○県	グルメ宿C	ワインセラーを有する離れを持つフレンチのオーベルジュ

ここまで基準が出揃っていれば、まったくイメージに合わない宿／施設、売上だけを志向した宿／施設は入ってこなくなります。

また新規獲得にあたり、どんなトピックで、どんなプライスで攻めるのかはっきりとしています。もうブレる心配はありません。

新規獲得のためのリサーチは、自社ブランドの見せ方をつくっていく作業そのものでもあります。ぜひ皆さんも独自性・差別化を磨いて、ライバル他社に差をつけちゃいましょう！

リニューアルを成功させるリサーチ

Chapter 5

01 失敗の多い「リニューアル」を成功に導く4ステップ

「リニューアル」を鬼門にしないために

本章で言う「リニューアル」とは、商品・サービス・店舗・サイト・会社すべてのリニューアルを指し、より大きな概念としての「リブランディング」も含みます。

リニューアルは大きな投資を伴う経営判断なので、会社としても自身としても飛躍を遂げる最大のチャンスです。今日び既存事業に思い切った予算が投入される機会は少ないので、リニューアルは成果を最大化する貴重な機会になります。

一方で、リニューアルは大きなリスクも伴っています。それは「失敗のリスク」です。

失敗とは、「未遂のままのプロジェクト消滅、リリース日・オープン日の遅延、担当者が次々辞めていく事態」などを指します。**不思議なもので、リニューアルは引き寄せられるように失敗に向かうことが多く、成功よりも失敗が目立つプロジェクトです。**

万一会社としてリニューアルの失敗をくり返すと、スタッフから**「鬼門」**として認識されてしまい、プロジェクトにはプラスどころかマイナスのイメージすら付いてしまいます。一体感を必要とするタイプのこのプロジェクトにおいては、とても危険な状態です。

ではどうしたら「リニューア

ル」を成功に導くことができるのでしょうか。

本章では、そのために必要な準備を、4つのステップで解説します。

ポイントは、いずれのステップにおいても、**「お客様の声を聴くこと」**、ただそれだけです。

リサーチ力を駆使して、あなた自身がリニューアルプロジェクトを引っ張っていきましょう。

「リニューアル」を成功に導く4ステップ

ステップ1
自社のコンセプトの一貫性をチェックする

ステップ2
自社のイメージ資産を集める

ステップ3
自社の強みを決める

ステップ4
お客様とマッチするコンテンツを考える

Chapter 5

02 自社のコンセプトの一貫性をチェックする

「正しく現状認識する」ために

リニューアルを成功させるステップ、1つめは「自社のコンセプトの一貫性をチェックする」ことです。

本節では、201ページで紹介した **「コンセプトチェックツール」** を使います。この方法は、アンケートでお客様に「商品・サービスの利用状況」をひと通り尋ね、利用状況の結果を通じて「コンセプトに一貫性があるか」をチェックするやり方でした。

リニューアルを成功させるには、正しく現状認識することが必要です。コンセプトが悪いと、どれだけ細部をいじっても取り戻せる余地はほとんどありません。事業目標も個別施策もがんばり損になるだけ。そんな意味のない仕事をするわけにはいかないですよね。

基本的な方法論はフレームワークの項に書いたので、本節ではビジネスでどう活用していくか、前後の工程も交えて深めていきます。

リニューアルは「中身」の問題

そもそもリニューアルというのは、その対象となる **「中身」の問題** です。メインビジュアルを更新しただけ、機能改修に対応しただけ、というごまかしではうまくいきません。目先を変えただけのやり方は、リニューアル直後に好業績に持ち直しても、またすぐにお客様からの評価は離れ、リニューアル前と同じところに落ち着いてゆきます。

「これといった特徴が感じられない」「欲しいものが置いていない」「見たいと思うページがない」といったお客様からの悪評を受けてリニューアル、またリニューアルとくり返して、いつの間にかリニューアルが「いち施策」レベルになっているケースも見受けられます。このような「自転車操業リニューアル」ともいうべきビジネスモデルは、体力のある企業でしか通用しません。そして体力のある企業でも、業績が悪いとなれば、リニューアルに費用をかけることもできなくなります。もう目先を変えて逃げることはできません。

この負のサイクルを正しい方向に導くのがコンセプトです。コンセプトによって事業活動のすべてのあり方を規定することができます。リニューアルの対象となるものが、商品でも、サービスでも、店舗でも、サイトでも、会社でも、この原理は一緒です。ところが、**コンセプトは「ある」けど、「機能していない」場合もすごく多い**のです。うまくいっていない企業では、たいてい下記のようなパターンになっています。

コンセプトが機能していない3つのパターン

a. コンセプトがあるようでいてない
言葉としては存在していても、社員は誰も真意を知らないパターン。

b. コンセプトが複数乱立している
複数のコンセプトがあったり、過去のコンセプト支持者が根強いパターン。

c. コンセプトが極端に概念志向（もしくは機能志向）
コンセプトの抽象度が高すぎて、具体的なモノ・カタチ・オペレーションに落とし込めないパターン。

どのパターンも、つくられた後に真剣に検証されてこなかったツケが回ってきています。会社の従業員ですらよくわかっていない、もしくは、体現・表出することができないのですから、お客様に伝わらないのは当然です。

こうした内向きの論理で事業を運営していると、お客様から低い評価を受けてしまいます。コンセプト結果をすぐに検証すべき意義が、もうわかりましたね。

コンセプトの伝わり具合を検証しよう

コンセプトを検証する技法は、もう皆さん知っています。**お客様の利用状況を、利用属性から離反理由の8つのステータスに分け、1つひとつのステータスに対してコンセプトで意図した通りの結果になっているか、チェックしていく**のでした。

ただ初めて取り組む場合は、自分の分析結果が的を射ているか、ちょっと不安ですよね。そこで「分析のモデルケース」も見ておきましょう。

コンセプトの一貫性チェックには、実は典型的な傾向があります。

右ページでは、自社サイトのコンセプトを検証する時のモデルケースを紹介しています。(検証する項目数は8つすべてではなく、少し省略しています)

要は**このアンケート結果と、自社で掲げているコンセプトを照らし合わせれば良い**のです。各ステータスにおけるお客様の利用行動に対して、逐一コンセプトと照らし合わせることで、コンセプトがどれくらい浸透しているか、わかってきます。

これで「自社の現在地を把握する」ことができました。

a. 自社サイトが「トップシェアサイト」の場合

業界のトップシェアを持つ、格段に規模が大きいサイトの場合、概ね次のような結果になります。

トップシェアサイトのモデルケース

利用属性➡業界の平均に近いユーザー像（性別・世帯年収）

利用目的➡とりあえずいろいろな情報を見たい

流入経路➡TVCM、雑誌広告、ウェブ広告、店頭告知

利用理由➡たくさんの情報の中から選べる

離反理由➡多機能で見づらい、使いづらい

b. 自社サイトが「クチコミサイト」の場合

ユーザーからのクチコミ投稿、星の評価などをウリにするサイトの場合、概ね次のような結果になります。

クチコミサイトのモデルケース

利用属性➡ステータスは幅広いが皆一様に失敗したくないユーザー

利用目的➡クチコミの閲覧、星の評価の確認

流入経路➡キーワード検索、まとめサイト

利用理由➡商品・サービスの特性を比較しやすい

離反理由➡投稿が多すぎてどれを信用してよいかわからない

c. 自社サイトが「テーマ特化サイト」の場合

特定カテゴリ・特定ユーザー・特定エリアなどに強いサイトの場合、概ね次のような結果になります。

テーマ特化サイトのモデルケース

利用属性➡あらかじめテーマへの関心が高いユーザー

利用目的➡テーマについて深い情報を知りたい

流入経路➡ウェブメディア、友人からのすすめ

利用理由➡情報が絞られていて選びやすい

離反理由➡このテーマで探すことをやめた

Chapter 5

03 自社のイメージ資産を集める

「まったく新しい概念」で勝負してはいけない

リニューアルを成功させるステップ、2つめは「自社のイメージ資産を集める」ことです。

本節では、46ページで紹介した**「ブランドイメージ調査」**を使います。この調査は、アンケートでお客様に「商品・サービスのイメージ」を尋ね、お客様の中に既にあるイメージを活用してアウトプットに結びつけるやり方でした。

リニューアルでやってはいけないことは、まったく新しい概念で勝負することです。世の中的にまったく新しいことをしたり、主力事業と結びつかない珍しいことをしたり。掲げるテーマが新しすぎると、プロモーションがかなりしんどくなります。

もちろん新規性・意外性は大切な要素。ミッションは「リニューアル」というくらいなので、ある程度は必要です。では、どうやって攻守のバランスを見極めればよいのでしょうか？

本節では、ブランドイメージ調査を実際のビジネス活動の流れの中で使いこなす方法をお伝えします。

リニューアルはなぜ失敗に向かうのか？

私はこれまでに、自社・他社問わず、サイトや店舗のリニューアルに何度も立ち会ってきました。そして、成功の形は様々に分かれるものの、失敗する形は同じであることを知りました。リニューアルの失敗、それは「まったく新しい概念で勝負する」時に発生する、ということです。

たとえば、**本来の自社からかけ離れたイメージを設定**してみたり（実益志向の会社が急に哲学的なメッセージを打ち出すなど）、**流行に乗っかる形で新しいイメージを付与**してみたり（本業が金融の会社が突然スローライフ志向を打ち出すなど）、こういうケースでは高い確率で失敗します。

イメージを刷新することがリニューアルのミッションでありながらも、**あまりに明後日の方向に向かうと、従業員・お客様とも、誰も姿を追えなくなる**のです。過去の積み上げを活かせていれば良い挑戦になりますが、よほど土台が安定していないと冒険は失敗します。

それなのになぜ、まったく新しい概念で勝負する流れになりやすいのか？　そこには**ライバル企業の存在**があります。会議の場で、「トップシェアの競合との差がすごい」「ふつうにやっていては勝てない」「よし、変わったことをやろう」という志向が働き、**確実に変化したことが実感できるような、自社には斬新すぎる領域に足を踏み入れてしまう**のです。

ライバル企業の動向はたしかに重要な情報であり、本書の各パートでも紙幅を割いて他社の情報収集法をお伝えしてきました。しかし、あまりライバル企業を意識しすぎると冷静な判断ができなくなります。特にリニューアルにおいては、他社は適度に比較したうえであらためて自社に必要なものを定義できるとよいので、明後日の方向に踏み出すのは危険です。

厄介なのは、リニューアルの失敗は一時の損失ではないこと。仮にキャンペーンなどのいち施策が不発に終わっても投資の分だけ学んだと思えば良いのですが、リニューアルの失敗は、「失敗策」で色付けたブランディングを払拭するのに相当な時間がかかります。

ということで、まったく新しい概念はダメ、絶対。となります。

まったく新しい概念ではなく、競合が入ってこられない得意分野で勝負する

ここで役に立つのが **「ブランドイメージ調査」** です。ポイントは、**「競合が入ってこられないほどの得意分野」を再確認すること。**（いったん）まったく新しいものを考えるのとは真逆のアプローチを取ります。

では、ブランドイメージ調査の復習をしながら、お客様アンケートを活用する流れを追っていきましょう。

アンケートでは、（消費者が評価の焦点とする）商品・サービスのイメージの選択肢を並べて、選択肢ごとに自社と他社の結果を見比べていくのでした。

アンケート結果から、お客様の中に既にある商品・サービスのイメージを把握します。その中から、自社の得意分野を確認してください。仮に自覚している得意分野がなくても、何が得意かはお客様の声が教えてくれます。お客様は様々な商品・サービスに日々触れたうえで回答しているので、自社で定義するよりも精度の高いものを得られます。

ここで得たブランドイメージは逆らわずに使用してください。 企業によってはせっかくアンケートを取っても、結果データはいちおう参考にすべき"お守り"くらいの認識で、どうしても意識が新しいアイデアを紡ぐ方に集中してしまうことがあります。自分たちが積み上げてきたものを目にしておきながら使わない。これはもったいないことです。

ブランドイメージは、「イメージ資産」ともいうべきもの。たとえ事業の歴史が数年であっても、蓄積型なので一朝一夕には真似できないものなのです。自社の得意分野は往々にして、競合他社からしたら「そんな手間のかかることをやっていられるか」というものになっています。イメージの参入障壁は高く、容易には入ってこられません。

あなたが担当する商材では、どんなブランドイメージが他社よりも高くなっていますか？圧倒的なNo.1イメージを使い、そうでなくても、トップ3くらいの中から、お客様から支持の声が根強いものを使っていきましょう。

勝算は「商品・サービスの構成要素に落とし込めるか」で決まる！

ブランドイメージを選び出したら、現場で通用するかを確認します。決めた方向性で企画展開・営業展開が本当にうまくいくか、勝算をシミュレーションしてみるのです。

というのも、リニューアルの場におけるブランドイメージは、ロゴやキャッチコピーとの相性判断が優先されることが多く、現場側では受け止めきれないことがあるからです。

勝算をシミュレーションせずに、会議室の中だけでブランドイメージを決定すると、「『私にぴったりの店が見つかる』飲食店サイト」のようなものが出来上がります。

このような概念的なブランドイメージは、決定したその時は良くても、あまりにも抽象的すぎて、現場での動きに落とし込めません。結果的にリニューアルは失敗します。

もし決定したブランドイメージが、「『料理メニューに詳しい』飲食店サイト」（＝ブランドイメージ）であればどうでしょう？　特集・クチコミ・写真・ランキング・検索・特典・誘導・キャンペーンなど、サイトの構成要素のすべてに活かすことができますよね。これなら勝てそうです。

このように、事業活動の中心となるブランドイメージは**「商品・サービスの構成要素に落とし込めるか」を計算して決めることで、企画展開・営業展開が全面的にワークしていきます。**

一般的にリニューアルと名の付くプロジェクトの進行が遅れがちなのは、作業工程よりも解釈工程に問題があることが多くなっています。すなわち、作業そのものを遅らせる理由はなくても、**現場側で解釈しづらいお題が出てしまうと、そこで行き詰ってしまう**のです。

逆に、**「競合が入ってこれないほどの得意分野で勝負できる」ことをデータで示すことで、企画も営業も大いに勢いづきます。**たかが「イメージ」の差でしかないのですが、リニューアルはコストの面でもヒューマンリソースの面でもすごく消耗するプロジェクトなので、リサーチ力の有無で勝負が決まるといっても過言ではありません。

これで「業界の中で期待されている役割」がわかりました！

Chapter 5

04 自社の強みを決める

「お客様ニーズ」と「自社が提供している価値」のギャップ

リニューアルを成功させるステップ、3つめは「自社の強みを決める」ことです。

本節では、208ページで紹介した**「重視度×満足度マトリクス」**を使用します。この方法は、アンケートでお客様に「一般の商品・サービスの利用にあたり重視していること」「自社の商品・サービスを利用して満足していること」の2つを尋ね、重視度と満足度の差異から、お客様ニーズに対して自社が提供している価値のギャップをチェックするやり方でした。

ここまでのステップで、「自社の現在地」と「業界の中で期待されている役割」がわかっていますので、それを「自社の強み」として打ち出していけるようにします。基本的な方法論はフレームワークの項に書いたので、本節ではビジネスでどう活用していくか、前後の工程も交えて深めていきます。

個別のタスクに負ける全体のビジョン

リニューアルプロジェクトには、リリース日・オープン日を遅らせるもとになる停滞期がつきものです。

停滞する理由の最たるものが、**「リソースがないからこれ**

以上は動けない」というもの。特に実行段階に入ってからのギャップはごまかしがききません。企画部門・技術部門が「もう無理」とストップすると、全体もつられてストップしてしまいます。

「リソースがない」宣言が出ると、プロジェクト全体としてもそれ以上どうしようもなくなり、禁断の延期ループに入っていきます。長期稼働しているわりに成果物の姿が見えないので、ディレクター職を中心にしてこの時点でスタッフがどんどん辞めていきます。

この「リソース不足から来る際限のない延期」問題を解決するにはどうしたらいいでしょうか？

それには、各部門の作業リストではなく、全体の優先度イメージの共有が必要です。

いま何を優先すべきなのか？リニューアルに携わる全員がそれをイメージできていないと、どんなに素晴らしいビジョンを掲げていても「個々のタスク」に負けてしまいます。

ではどうすればいいのか？そもそも全部門が納得できる優先度イメージなどあるのか？それが、実はあるんです。ここまで本書を読んだあなたならもうわかるはず。そう、**「"お客様から見て"（商品・サービスが）どう感じられているか」、**これを全体ビジョンの拠り所にするのです。機械的に店舗やサイトの再設計を割り振るだけでなく、お客様の視点を共有します。それによって各部門の優先度イメージが洗練されていきます。

今やどの企業でも「お客様ファースト」であることに異議を唱える従業員はいません。でも、掲げたスローガンを本当に実行できているかは、まさにこのリニューアルの場で問われます。**お客様を待たせていないか、お客様が不便なままになってい**

ないか。すべてはそこを判断基準に進めるのです。

リニューアルプロジェクトの中にリサーチの機能ががっちり入っていれば、ここもワークするのですが、多くの企業ではプロジェクトの本丸にリサーチを組み込んでいません。皆さんはこれからお伝えするフレームワークを使って、早くてまとまりのある組織運営によって成果を上げていきましょう。

"お客様視点で"強みを定義する方法

優先度イメージを関係者全員で共有するには、**「重視度×満足度マトリクス」**のフレームワークが有効です。強みの種類・弱みの種類を把握するのはもちろん、判断に直結する分析の観点をセットで持っているため、「いろいろ調べた後にブレる」ことがありません。

というのも、**「強み」についての議論は一番揉める工程**でもあります。わが社の強みとは何かを巡って、関係者で意見が割れる状態です。健全な議論だと良いのですが、「誰の意見が正しいのか？」という選挙戦構造になってくると、健全とは言えません。

あくまで「お客様の視点から見るとどうなのか？」という視点で候補を絞り抜き、そこに自分たちの意思を反映して最終決定することが、お客様ファーストを掲げる企業のあり方です。

ですので、フレームワークの運用に習熟する必要があります。内容を復習しながら、活用ポイントを見ていきましょう。

重視度×満足度マトリクス

早急改善項目

重視されているが、満足度は低い

何を優先解決するか判断するゾーン

価格・販促系の項目が集まりやすいので
成長ステージに合わせて対応する

「配送が早い」「ポイントを使える」「営業時間が長い」など、業界のトッププレイヤーが築き上げてきたスタンダード項目が集まってきます。企業ステージによってはすぐには対応できないのですが、お客様の不便がにじみ出るゾーンでもあるので、自社のビジネス特性に合わせて手をつけるか判断します。

特徴伸長項目

重視されていて、満足度も高い

商品・サービスの根幹を成すゾーン

業界としても自社としても高い項目なので
さらに伸ばしていく

「品揃えが豊富」「価格が安い」「見やすい / 探しやすい」など、担当する業界においてベーシックな項目が集まってきます。自社が業界の売上ランキングで上位に名乗りを上げる規模感であれば、ここの項目を意識して強化することになります。

継続判断項目

重視されておらず、満足度も低い

チャレンジするかを判断するゾーン

お客様からの反響がほぼない項目なので
撤退・再建などを判断する

このゾーンに当てはまる項目は取り立てて見るべきものはないことがほとんどですが、集まった項目の中に、万一相当の投資が入っている項目がある場合、関連する施策を継続するかどうか判断します。

活用検討項目

重視されていないが、満足度は高い

競争優位になれる独自性が高いゾーン

自社が特別に評価された項目なので
深追いする意義を検討する

「他では見つからないものが手に入る」「スタッフの対応が良い」「決済がスムーズ」など、自社が意識して注力している項目が集まってきます。経験上、このゾーンに商品・サービスの独自性が現れることが多く、チャレンジャーポジションの企業は、（重視度を見極めたうえで）ここの項目に思い切りチャージをかけるとよいです。

これで「"お客様から見た"自社の強み」が完成しました！

Chapter 5

05 お客様とマッチするコンテンツを考える

ポイントは「お客様ニーズの徹底研究」

リニューアルを成功させるステップ、4つめは「お客様とマッチするコンテンツを考える」ことです。

リニューアルに向けたリサーチもいよいよ大詰め。前節までに戦略は固まっているので、本節では戦術に当たる施策部分を考えていきます。

戦術によって社内を勢いよく動かしていくことで、リニューアル時に躍進する動きにつなげていきます。ポイントはお客様ニーズの徹底研究です。ここでもリサーチ力を駆使して、最高のスタートを切りましょう。

戦略と戦術はセットで提示する

リニューアル準備の成否を分けるもの。それは**ラストワンマイル**にあります。

多くの企業では、戦略の工程に当たる、「自社の強みとは何か」「どんなコンセプトでいくか」「投資コストとスケジュール感」について、会議室の中でかなりの時間を割きます。そして大枠が決した後、「では次回以降の会議では、それぞれの部門が具体的な企画内容・販促計画を持ち寄ること」と、具体的な戦術の工程は現場スタッフに託されます。

実は、リニューアルがうまく

いかない、またはリリース日・オープン日が大幅に遅延するのは、戦略から戦術へと準備工程が移り変わるこの時に起きています。

ここで対応する戦術がセットになって示されていないと、「これどうやって具体化するんだ？」と思い悩んだり、「とりあえず広告の枠だけは押さえよう」と走り出したりして、現場がちぐはぐな動きになり、思い違いや手戻りのもとになります。

最終的には現場スタッフがコンテンツを考えるのだとしても、戦略を立てる時点であらかじめ戦術をセットで提示できるようにしておきましょう。あまり固め込む必要はなく、アイデアフラッシュ程度につくっておき、「こういう方向性ならいけそうだね」と認識を合わせることが大事です。

ここでもカギになるのがリサーチ力です。思いつきのアイデアには出来不出来がつきまとうので、しっかりとお客様ニーズを反映したアイデアをつくっていきましょう。

最大限のリニューアル効果を得るために、お客様の声を参照する

本節では、自社の立場がウエディングレストランだったとして、お客様とマッチするコンテンツを考えていきましょう。

本書ではこれまでに、お客様ニーズをつかむカギは**「分析軸」**にあることをお伝えしてきました。ウエディング業界の場合、「式場タイプ」が分析軸に当てはまります。選ぶ式場タイプにカップルの志向性がもろに出るので、そこから自社の勝てるポイントを探っていきます。

ウエディング施設は大きく分けると4業態あり、ホテル・専門式場・ゲストハウス・レストランから成ります。お客様であるカップルは、平均3件くらいの施設を見学しながら自身に合

う式場を選んでいきます。

同じエリアの中にひしめくたくさんの競合式場の中から、あなたはどうやってお客様にアピールしますか？　しかも今回は、自社レストランの施設とサイトを同時にリニューアルするタイミング。お客様アピールには絶好の機会です。

ありがちなのが、「リニューアル記念メニューをつくる」「最寄駅沿線の電車内広告を強化する」といった思いつきの施策です。どちらも一時の反響はあるかもしれませんが、長くお客様の印象に残るものではありません。

このような未来を避けるために、お客様の声をもとにした施策を考え、リニューアル効果を最大化していきましょう。

最適な分析軸でお客様の志向性を読み取る

ここからしばらくは、式場タイプを軸にお客様を分析するシミュレーションを記します。

①実施理由の比較

まず、お客様アンケートを通じて、各式場タイプの「実施理由」を尋ねます。結果データは式場タイプごとに上位項目をまとめておきます（次ページ参照）。

結婚式 実施理由の比較

ホテル

①立地・アクセスが良い

②料理が美味しい

③付帯施設が充実している

④宿泊施設がある

→付帯施設・宿泊施設は他のグループにはない高評価。

専門式場

①立地・アクセスが良い

②予算的にちょうど良い

③外観・インテリアが良い

→目立ったプラス・マイナスはない。施設指名が多い。

ゲストハウス

①外観・インテリアが良い

②料理が美味しい

③自由な演出ができる

④貸切ができる

→外観・インテリアが他のグループにはない高評価。

レストラン

①料理が美味しい

②予算的にちょうど良い

③立地・アクセスが良い

④空間的にちょうど良い

→料理への評価と予算的なちょうど良さで選ばれる。

結婚式 価値観の比較

ホテル

普遍的女子（王道・同質）

これまで見てきた結婚式のイメージを参考にやりたいな。

挙式とウエディングドレスもきちんとできるところ。

お父さん・お母さんに安心してもらえるところがいいな。

専門式場

現実主義（バランス・自主性）

ゲストによって好き嫌いが出ない演出にしたい。

自然な自分を引き出してくれる衣裳。色打掛けは着たい。

結婚式準備の判断は彼がまるっと私に任せてくれるの。

ゲストハウス

人気者（センス・仲間）

トレンドのウォッチは任せて。自分でいろいろ選びたいな。

友達と一緒に盛り上がる演出は入れたい。

彼は私を頼りにしてくれるので、プランニングはがんばる！

レストラン

クオリティ（質感・雰囲気・利他）

料理はもちろん小物も大事。話題性と自分たちらしさで。

皆で過ごす空間の雰囲気も大事。じっくり味わいたい。

自分たちよりゲストを引き立てる趣向にしたい。

②価値観の比較

次に、お客様インタビューを通じて、各式場タイプ実施者の「価値観」を尋ねます。実質的な意思決定者である花嫁たちのヒアリング結果を箇条書きでまとめます（右記）。

各式場タイプの価値観を見ていると、単にグルメな料理を提供すれば良いのではなく、お客様の志向に沿って提案を変えていくことが必要なことに気づきます。

●レストラン実施者
場の一体感を大事にしている
➡新郎新婦もゆっくり一緒に食事ができる進行が良さそう

●ホテル実施者
両親のことを気にかけている
➡親族含めて皆で楽しめる料理コースが良さそう

●ゲストハウス実施者
トレンド感のある演出を好んでいる
➡話題のスイーツを散りばめたデザートビュッフェがあるとよさそう

すべては実現できないかもしれませんが、競合している式場をにらんで、対策メニューを考えていくことができます。

③料理の特徴の比較

最後に、アンケートとインタビューを通じて、各式場タイプにおける料理の特徴の比較を行います。本家のレストランとしては負けられない項目ですし、各式場タイプにおける婚礼料理の特徴を洗い出せば、リニューアルの目玉となる企画のヒントが見つかるかもしれません。

結婚式 料理の比較

ホテル

- 和食・洋食・中華など豊富なジャンルから選べる。
- ホテルブレッドなど名前を冠したパンの美味しさ。
- 困ったことがあればホテルスタッフに何でも聞ける。

専門式場

- 懐石ならではの雅な盛り付けや縁起物の料理。お箸でふつうに食べられる。
- 食べ慣れているメニューが出てくるので、年輩の家族・親族が多い場合には安心。

ゲストハウス

- フレンチベースが多い。
- 宴会場のイメージに合わせたテーマの料理が多い。(マリン、ガーデン、ニューヨーク/パリなどの都市、甘可愛いなど)

レストラン

- 各ジャンルの専門店が揃っている。フレンチが多いがフレンチイタリアンもある。
- 名高い料理長シェフが開発したスペシャリテ(店の看板メニュー)が食べられる。
- テーブルセット、銀食器、お皿へのこだわりがある。
- サービススタッフが料理内容をしっかり説明できる。
- もともとが飲食施設なので、お皿の温度管理が行き届いている。

こうして比較してみると、ひとくちに婚礼料理といっても、そこでしか体験できない味・空間があることがわかります。レストランとしては、評価されている専門性を大事にしつつ、他にどんな配慮があれば他のグループからお客様を引っ張ってこられるか、見当がつきます。

リニューアルの核となる企画を立てる

さて、これでだいたい戦術を整えるための情報は出揃いました。

方向性としてはざっと次のようなものが無理なく対応できそうです。

・オーナーシェフによる手づくりスペシャリテ（店の看板メニュー）
・いま話題のスイーツ盛り！デザートビュッフェオプション
・司会・演出なし、心ゆくまでゲストとゆっくり歓談コース
・和のテイストを採り入れた縁起物づくしのフレンチイタリアン

ポイントは、すべてお客様の声をもとにした企画であること。

おそらくウエディングレストランにおいて、「オーナーシェフの紹介」も「デザートビュッフェオプション」も、"やっているといえばやっている"式場が多いことでしょう。

でも、なぜやるのか、やるとどんなKPI（重要目標達成指標）に貢献できるのかを、明快に説明できるでしょうか？　きっと「そこはあいまい」であることが少なくないでしょう。

今回のリニューアルの場合は、**「レストランの強みを活かせるコンテンツ」だから力を入れるのであり、その結果、「競合式場から奪取するお客様数/成約率の向上」を見込めることを、自信を持って宣言できます。**

そしてもちろん、たくさんのお客様に喜んでもらって、レストランのファンでいてもらうことが何よりのリニューアルの成果になります。

マーケティングプランを具体的に示す

立てた企画が確実に実行され、しっかり成果に結びつけるには、**会議での戦術の見せ方**も重要です。私はスライドに8マスのスペースをつくり、サービスの主要機能ごとに施策のアイデアを書くようにしています。

リニューアルの対応施策は部門別に切り分けられることが多く、戦術を発表する時点から部門単位での号令をかけてしまうと、本節冒頭にあったようにバラバラの動きになります。

ここは**機能別に打ち手をまとめていきましょう。**次のページのようなイメージです。

ここまでのプランニングがうまくできていれば、きっといい線で戦えるはずです。

結果は常に結果でしかないのですが、リサーチを中心に据えると、まとまって戦えることがよくわかると思います。

ぜひリニューアルの機会に取り入れてみてください。

リアルビジネスの場合

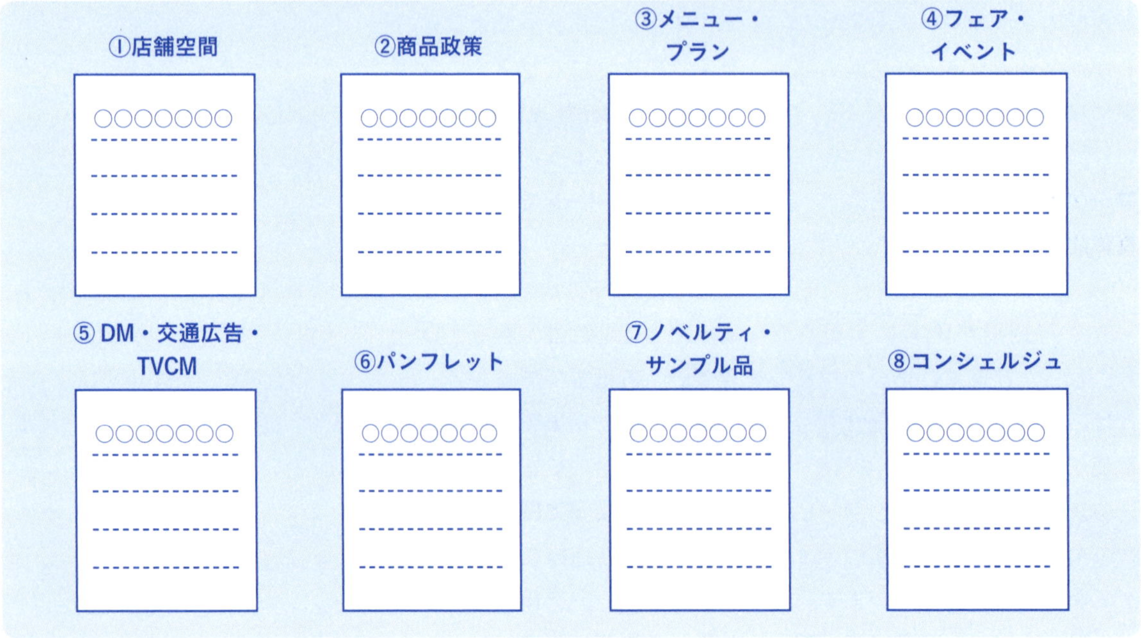

①店舗空間

○○○○○○○

②商品政策

○○○○○○○

③メニュー・プラン

○○○○○○○

④フェア・イベント

○○○○○○○

⑤ DM・交通広告・TVCM

○○○○○○○

⑥パンフレット

○○○○○○○

⑦ノベルティ・サンプル品

○○○○○○○

⑧コンシェルジュ

○○○○○○○

ネットビジネスの場合

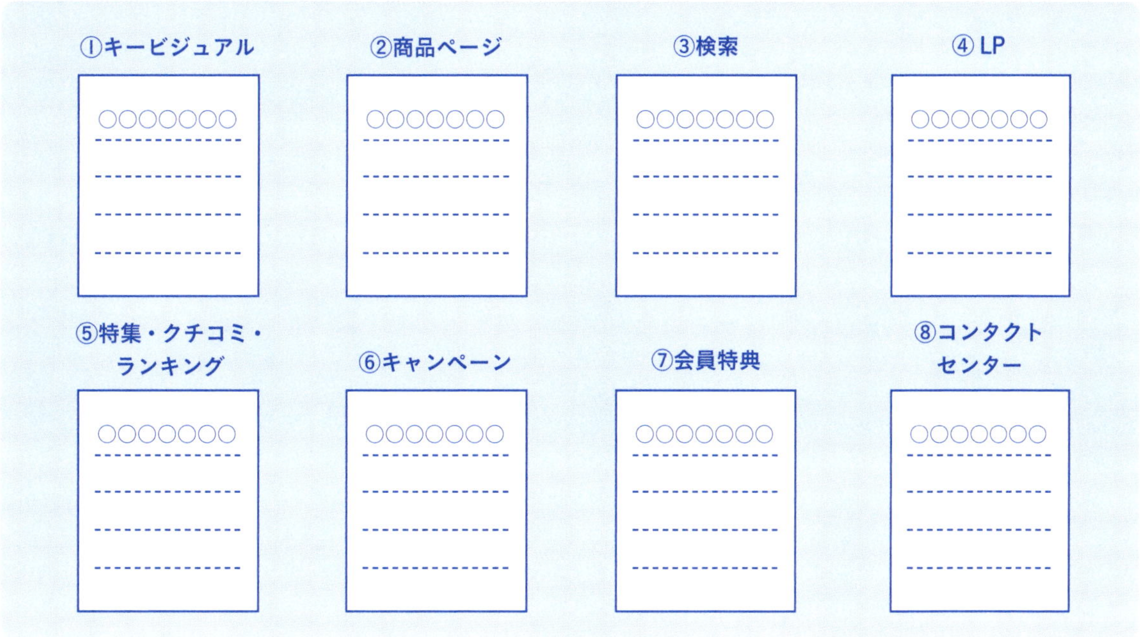

①キービジュアル

○○○○○○○

②商品ページ

○○○○○○○

③検索

○○○○○○○

④ LP

○○○○○○○

⑤特集・クチコミ・ランキング

○○○○○○○

⑥キャンペーン

○○○○○○○

⑦会員特典

○○○○○○○

⑧コンタクトセンター

○○○○○○○

これで、「戦略と戦術をセットで提示する」ことができました！

新商品・新サービスをつくるリサーチ

Chapter 6

01 必要性を認めていない人にどうアプローチするか

買わない人に聴いてはいけない

前章までは、新規獲得やリニューアルという、主力事業の育て方に関するリサーチを見てきました。主力事業の運営が安定軌道に入ってきたら、いよいよ次は、新商品・新サービスの開発です。

本章で扱う新商品・新サービスの開発とは、カラー違いの型番を増やす、あるいは、サイドメニューを増やすといった小幅なものではなく、会社としてのまったくの新商品・新サービスを指します。つまり、主力事業でひと通りファンを獲得している状態で、ノンユーザーの市場へ挑むケースです。ノンユーザーの山を動かせると、市場自体がぐっと広がるので、会社としてのスケールアウトには欠かせません。

しかしご存じのように、ノンユーザーをユーザーに変えるハードルはとても高く、高度なアプローチが必要になります。何しろ**ノンユーザーは必要性を認めていない状態**にある人たちです。ゲームアプリをしてもらうにせよ、炊飯器を買ってもらうにせよ、「そんなことにわざわざお金をかけるなんてもったいない」という考えを持っている消費者が相手なのです。いかに市場が大きいからといって、付け焼き刃の準備では太刀打ちできません。

ここでやるべきことが新商

品・新サービスのためのリサーチです。心を閉じているノンユーザーに、**「これならやってみてもいいかも？」と思わせる要素を集めてパッケージ化していく**のです。

その際にひとつだけ注意があります。それが**「買わない人にどうしたら買うか」を聴いてはいけない**、ということです。

新商品・新サービスの開発は、リサーチ自体への理解が得られやすいプロジェクトではあるのですが、これをやってしまうと、リサーチの労力が無駄になり、企画倒れになります。

リサーチを正しく機能させるには、正しい対象者に対して、適切な質問を行うことが必要です。そうすれば、ノンユーザーの心の扉を開けるカギが見つかります。

本章では、新商品・新サービスをつくるために必要な準備を、4つのステップで解説します。ポイントは、いずれのステップにおいても**「お客様のホンネの声に寄り添うこと」。**リサーチ力を駆使して、あなた自身がマーケットを広げる立役者になってください！

「新商品・新サービス」をつくる4ステップ

ステップ1
商品・サービスのコアバリューを見つける

ステップ2
既存の類似商品・サービスの不満点を知る

ステップ3
コアバリューに基づく成功事例を集める

ステップ4
自社の戦略スペクトルを定める

Chapter 6

02 商品・サービスのコアバリューを見つける

企画の照準を定める

新商品・新サービスをつくるステップ、1つめは「同業界における商品・サービスのコアバリューを見つける」ことです。

本節では、62ページで紹介した**「ファンユーザー・一般ユーザー比較」**を使います。この方法は、アンケートでお客様に商品・サービスの利用動向を尋ね、ファンユーザーと一般ユーザーの傾向を見比べるやり方でした。

新商品・新サービスの開発、とりわけ、できるだけ数を多く獲れるリーチの広い企画を立てるには、自社が何をすべきかを考える前に、**まず業界そのものの「不」あるいは「負」の存在を突き止めて、それを解消できる企画をねらっていきます。**

この時に注意すべきなのが、「買わない人にどうしたら買うか」を聴いてはいけない、ということです。有益な回答が集まらないか、そもそも回答自体が集まらず、リサーチは企画倒れになります。では、誰に何を聴けば良いのでしょうか。

ノンユーザーにとって商品・サービスが本当に不要なのかを見極める

まず、「ファンユーザー・一般ユーザー比較」の要領で、アンケートを使って同業界の商品・サービスへの印象・評価を尋ねます。この時、アンケートの回答者は、（自社の利用にかかわらず）ユーザーとノンユーザーを半々の比率で揃えておきます。

質問はユーザー・ノンユーザーそれぞれに用意し、それぞれのステータスにおける価値の有無を見極めていきます。

ユーザー

Q　なくなったら不便に感じるか？

ノンユーザー

Q　「こんな時にあったら便利だったのに」と思ったことはあるか？　それはどんな時か？

回答結果は、特にノンユーザーの回答に注目します。

もしノンユーザーのほとんどが「不要」と言っていれば、業界側からの押しつけになっているので、同じ企画はやめた方が良さそうです。

ただたいていは、ノンユーザーの全員が不要ということではなく、何か未練や後悔や残念に思っていることがあるものです。

ここのホンネの部分をキャッチするようにしてください。今現在は乗り気でなくても、必要性自体はどこかで認識されていることがあるからです。この隠れたニーズが強いほど、地に足のついた企画になります。

この質問が、単に「買わない人にどうしたら買うか」を尋ねる聴き方とは異なることがおわかりでしょうか？

ノンユーザーに対してシンプルに「欲しいですか？　どうしたら買いますか？」と聴いても、「要りません。そこそこ安くなっていれば考えます」としか返ってきません。これでは回答を役立てようがありません。

そうではなく、**「なくて困ったことはないか？」**を尋ね、「そういえば、○○の時にはあった方が〜」という回答を引き出せれば、企画につながっていくヒントを得られるわけです。

もちろん、ノンユーザーの多くにこのヒントを期待するには無理があります。ですので、ノンユーザー側から出たヒントを、ユーザーの「なくなったら不便に感じるか？」の回答と突き合わせ、商品・サービスの存在意義を見極めていくのです。

ギリギリで利用したユーザーにとってのコアバリューを知る

次に、「ギリギリで利用したユーザー」の傾向に着目します。

ユーザーの中から、アンケートの回答分岐によって、**「もともと利用するつもりがなくて、最終的に利用した人」**を区分できるようにします。以降はこのグループを「ギリギリで利用したユーザー」と称します。

準備ができたら、質問で商品・サービスの満足度（単一回答）＋満足理由（自由回答）を尋ねます。そして、「一般的なユーザー」と「ギリギリで利用したユーザー」の回答結果を見比べてみてください。そうすると、ノンユーザーに近い性質を持つ人たちが、何に魅力を感じているかがわかります。

ギリギリで利用したユーザーの傾向は、商品・サービスのコアバリュー（中核となるベネフィット）を正しく反映しているケースが多く、満足度からは「コアバリューの価値」がわかり、満足理由からは「コアバリューを構成するマストコンテンツ」がわかります。

たとえば、あなたがホテルの営業担当で、「二次会パーティー」を新たな売上の柱にしたいとします。大箱の宴会場利用は売上単価が高く、通常のカンファレンスや式典に上乗せして、ぜひとも取っていきたい契約です。

でも、「二次会」は言葉通り必須というわけではありません。なくてもいいやと考える幹事もいますし、どこか別のところで開催することを考える幹事もいます。ホテル側が積極的に提案できないと、売上の柱とまではなりません。

　そこで、ギリギリで二次会の開催を選択した幹事たちの意見をリサーチしてみると、次のような回答が得られました。

結婚式の二次会幹事

披露宴には参加していない友人たちもかき集めて、地元の皆で新郎新婦を祝福できた。実施前は新郎新婦から「形だけでもいいからよろしく」と依頼されたが、新郎新婦の門出を仲間の笑顔と美味しい料理で盛大に祝いたかった。終了後はふだんおとなしい新郎新婦が、「地元仲間最高！今日のことは絶対忘れない！」と感激してくれて、本当に実施できて良かった。

会社の社員総会幹事

全社キックオフの後に社員交流会として二次会を開催。計画時には社内から否定的な声もあって、「仕事の延長っぽいイベントは苦手」という意見もあった。そういう付き合いの負担を減らす工夫を凝らして開催したところ、「ふだん絶対に話すことがない部署の人と交流ができ、貴重な社内人脈になっています！」と絶賛され、幹事一同経験したことがない充実感に包まれた。

ここでの二次会パーティーのコアバリューは、「料理」と「演出」です。イベントとしての評価には他にもいろいろな要素がありますが、回答内容を見る限り、ホテルとしてこの2つだけは間違うことはできず、ここに注力すべきことがわかります。

回答内容に派手さはないかもしれません。しかし、同一の人格を持つヒトの中で、**利用することのネガティブな側面を検討したうえでのポジティブな側面**というのは、内容は地味ながらも積極的な意思が働いており、これが強い企画につながります。

「買わない人にどうしたら買うかを聴いてはいけない」と盛んにお伝えしているのは、回答内容に積極的な意思が働いていないからです。商品やサービスを自分とは関係が薄いこととして捉えているために、「もし安くなったら検討する」と言っているにすぎないのです。

ノンユーザー市場向けの新商品開発において、**ヒアリング対象にすべきなのは、「ギリギリで利用したユーザー」**であることを覚えておきましょう。

これで「同業界における商品・サービスのコアバリュー」がわかりました！

Chapter 6

03 既存の類似商品・サービスの不満点を知る

先行事例のユーザー評価

新商品・新サービスをつくるステップ、2つめは「既存の類似商品・サービスの不満点を知る」ことです。

前節で「同業界における商品・サービスのコアバリュー」がわかったので、今度は、「既存の類似商品・サービス」の状況を調べます。市場規模がそれなりのカテゴリであれば、必ず先行している他社商品・サービスがあるはずです。そこでのユーザー評価を確認しましょう。

本節では、40ページで紹介した**「商品・サービスの満足度調査」**を使います。この方法は、アンケートでお客様に「商品・サービスの満足度」を尋ねるやり方でした。満足度調査は通常、「自社」の「満足」の測定に焦点を当てますが、本節では少しアレンジして使っていきます。

「不満点」を知る

前節で使用した「ユーザー・ノンユーザー」へのアンケートをそのまま活かして、「既存の類似商品・サービス」への印象・評価を尋ねます（回答者は業界の商品・サービスの利用経験者に絞る）。

データが取れたら回答結果のうち、「コアバリューに対する不満点」に着目します。前節で例に挙げた二次会パーティーのコアバリューは、料理と演出でした。

「既存の類似商品・サービス」への不満点を例に挙げたので見てみましょう。

料理や演出の予算を絞った結果、散々な結果になっています。せっかくの二次会もこれでは台無し。これらのコメントからは、料理に対する不満・進行に対する不満が募ると会全体が残念な印象になる、という構造が見えます。

料理にまつわる不満（参加者の意見）

- 飯がまずい。いくら懇親会とはいえあまりにも質素。
- 申し訳ないけど料理がカラオケ屋みたいだった。脂っこくて大味で口に合わない。
- 会議後でお腹が空いていたのに、料理が少量だった。
- 料理の品数も飲み物の種類も少なくて残念だった…

演出にまつわる不満（参加者の意見）

- 内輪ネタの余興が多くてあまり馴染めなかった…。
- ビデオ映像ばっかり。わざわざ集まる必要あったのか？って思う。
- 料理をすぐ食べ終わってしまい、間が持たなかった。
- ダラダラした進行で締まりがなく参加者任せ。

特にコアバリューである料理と進行の中では、

- **料理→美味しさ・味つけ・料理の品数・飲料の種類**
- **演出→余興の内容・余興のバリエーション・料理をサーブするタイミング・進行管理**

といった点を甘く見ると痛い目にあうのだな、と見当がつきます。

コアバリューからは何に注力すべきかがわかり、コアバリューに対する不満点からは（既存の業界が提供している商品・サービスを）どのように改善すべきかがわかります。こうした不満点を自社のリソースで解消することを目指します。

もちろん不満の中身には、余興の内容など幹事側の問題も含まれていますが、それも含めてどのように満足してもらえるかを考えることがホテルの腕の見せ所です。

これで「コアバリューに対する不満点」がわかりました！

Chapter 6

04 コアバリューに基づく成功事例を集める

「成功につながる工夫」を抽出する

既存の類似商品・サービスの不満点がわかったら、今度は**成功事例**を集めます。

成功事例は、新商品・新サービスにとって、開発のアイデアとなるだけでなく、最強の営業ツール（キラーデータ）になります。成功事例をカタログのようにしてパンフレットや公式サイトに並べて、お客様から「これをやりたい！」と指名をもらうことができれば、営業活動はすごく有利に運びます。

でも通常、新しい商品やサービスは販売を開始してから自社なりの成功事例を収集するのに数ヵ月はかかるもの。加えて、発売前から売り込みは開始していないといけません。このリードタイムを埋めるのに、商品開発のために実施するアンケートデータが役に立つわけです。

前節までを振り返って、コアバリューそのものを発見するステップとはどう違うの？と疑問に思ったかもしれません。コアバリューを発見するステップでは、「やって良かったこと」を抽出します。これに対して本節の成功事例を集めるステップでは、**「成功につながる工夫」を抽出**します。実際にやり方を見ていきましょう。

集めた成功事例をアレンジする

成功事例の収集方法はいたってシンプルです。

前節までと同じくギリギリで利用したユーザーのアンケート結果の中から、コアバリューに基づく成功事例を集めます。そして**各成功事例に共通する要素を見出して、商品・サービスのコアコンテンツを考案する**、という流れになります。

たとえば、本章で例にしているホテルの二次会パーティーの場合。コアバリューである料理と演出に着目した時、次のような成功事例が出てきたとしましょう。

結婚式の二次会&会社の社員総会(参加者または幹事の意見)

- 新郎新婦プロデュースのオリジナルカクテルが出てきた時、盛り上がりは最高潮でした。
- メインのローストビーフが美味！　こんな柔らかいお肉初めて！
- 地元野菜を使ったスープと聞いて、料理を含めて地元の一体感を感じた。
- デザートビュッフェを取っているあいだに、前から話したかった人と話せた！
- 女子的にスイーツのバリエーションにやられました。
- 自分はお酒が飲めないので、ドリンクの種類がけっこうあって飽きずに過ごせました！
- 妊娠中でしたが、ノンアルコールドリンクがあって救われました。
- 近くのキッチンカウンターでシェフが大技をふるってくれて、皆で写真を撮りました。
- テーブルセッティング・料理の盛り付けが華やか！　とても二次会とは思えない映え具合。

不満の時とは一転して、印象に残る・盛り上がる内容で、ホテル側としては「してやったり」の内容ばかりです。これでつくるべき新サービスのカタチが見えてきました。軸となるのは次のような項目です。

- **ふだん食べる機会がない食事（料理ジャンル・スペシャリテ・高級食材・ドリンクの種類）**
- **主催者のオリジナル（地元の食材・ゆかりのある食材・オリジナルメニュー・本人たちがサーブする）**
- **ゲストへのおもてなし（アレルギー対応・メインディッシュの選択・子ども用 / 妊娠中の女性用メニュー）**
- **進行上のアクセント（デザートビュッフェ・皿・テーブルセット・調理パフォーマンス）**

このうち、自分たちのホテルでは何ができそうかを考えます。

- **料理に原価をかけられる（仕入れ契約で優位にある）→食材にこだわる**
- **内装や器が立派だったり、会場内のつくり物が得意→写真映えにこだわる**
- **シェフがキャラ立ちしている→調理パフォーマンスにこだわる**
- **取り立てて何もない→サービスで対応できるおもてなし部分にこだわる**

今回の例では、料理と演出に着目したことで、幅広い特徴の打ち出しが可能になり、しかも、顧客である主催者（幹事）ならではの独自性を引き出すこともできています。結果的に参加者も満足するパーティーができ、二次会の価値を大きくアピールすることができそうです。

これで「コアバリューに基づく（成功事例を参考にした）コンテンツ」ができました！

Chapter 6

05 自社の戦略スペクトルを定める

打ち手を盤石なものにするために

新商品・新サービスをつくるステップ、4つめは「自社の戦略スペクトルを定める」ことです。

前節までに新商品の骨子は出来上がっているので、後は具体的に販売に向けた段取りをつけていくだけです。

でも、こう思う読者の方もいるかもしれません。「いや、とはいえ、ウチはそこまで何か秀でた特徴があるわけではないんだ。世の中にはそういう成功事例があるのかもしれないけど、参考にして開発するまでの自信がない」と。

ぜひご自身の会社の潜在能力を信じて欲しいのですが、該当するコアバリューについて、競合他社に比べて自信がない、急に盛った感が出てしまう、という場合もあることでしょう。

この状況に対応する打ち手は、実は皆さん、既に手にしています。

本節では、212ページで紹介した**「戦略スペクトルマップ」**を使って、打ち手を盤石なものにしていきます。この方法は、自社的に意味のある任意の2軸で縦横のマトリクス図をつくり、その中に業界のプレイヤーを配置して、自社が取るポジションを定めるやり方でした。

引き続きホテルの二次会パーティーサービス開発を例に、フレームワークの復習をしながら、実践での活用法を見ていきましょう。

どんな超競合相手でも勝てるポジションを探すフレームワーク活用法

それでは、戦略スペクトルマップを使って、目指す新サービスのカタチを6ステップで完成させていきます。

①ステップ1：参入市場と競合他社を特定する

今回の参入市場は二次会パーティー業態です。自社はホテルとして、同一商圏のホテル・レストラン・カフェ・貸ホール・貸会議室・専門式場・カラオケ店などが競合他社に当たります。お客様接客時の見積りなどでよくバッティングする店をピックアップしておきます。

②ステップ2：差別化軸を設定する

二次会会場は既に供給過多といえるほど飽和状態。そこで自社では、「料理レベル」（結婚式披露宴並み〜カラオケボックス並み）と「演出レベル」（PRイベント並み〜懇親会一般並み）を差別化の2軸に定めます。リサーチによって幹事や参加者にはニーズがあることがわかっており、自社的にも勝負できる余地がある項目だからです。

③ステップ3：自社のねらいを考える

料理レベルと演出レベルの各軸に対して、自社としてはどのあたりをねらっていきたいかを考えます。食材の仕入れが優位だから料理レベルは上位に、プロジェクターなどの設備は古いから演出レベルは下位に、などの根拠をもとに、おおよその位置取りを割り当てていきます。

④ステップ4：プレイヤーを配置する

マップの中に業界のプレイ

ヤーをバイネームで配置していきます。配置にあたっては、厳密なスコアリングによる決定でなくてかまいません。業界内（商圏内）での一般通念に基づくもので十分です。いちおう業界通の人に各社の位置づけを聞いておくと安心です。

⑤ステップ5：自社のポジションを特定する

業界のプレイヤーを配置し終えたマップの中で、自社のポジションを特定していきます。料理レベルは「豪華ランチビュッフェが大好評のホテルA」並みに、演出レベルは「セルフオペレーションで主催者に対応してもらう貸会議室B」並みに、それぞれ設定しました。

⑥ステップ6：競合との違いを言語化する

このマップが完成したことで、超飽和市場である二次会パーティー市場の中で、**「メシはめっちゃ美味しいけど意外と割安」で、「映像に頼らず、食事中心にゆっくりできる（料理コースが演出そのもの）」位置づけをひと目で説明できるようになりました。**

これでどんな超競合が市場にいたとしても、しっかりと自社の位置づけを差別化して、顧客である幹事への働きかけが可能になります。

戦略スペクトルマップ （二次会パーティー業態）

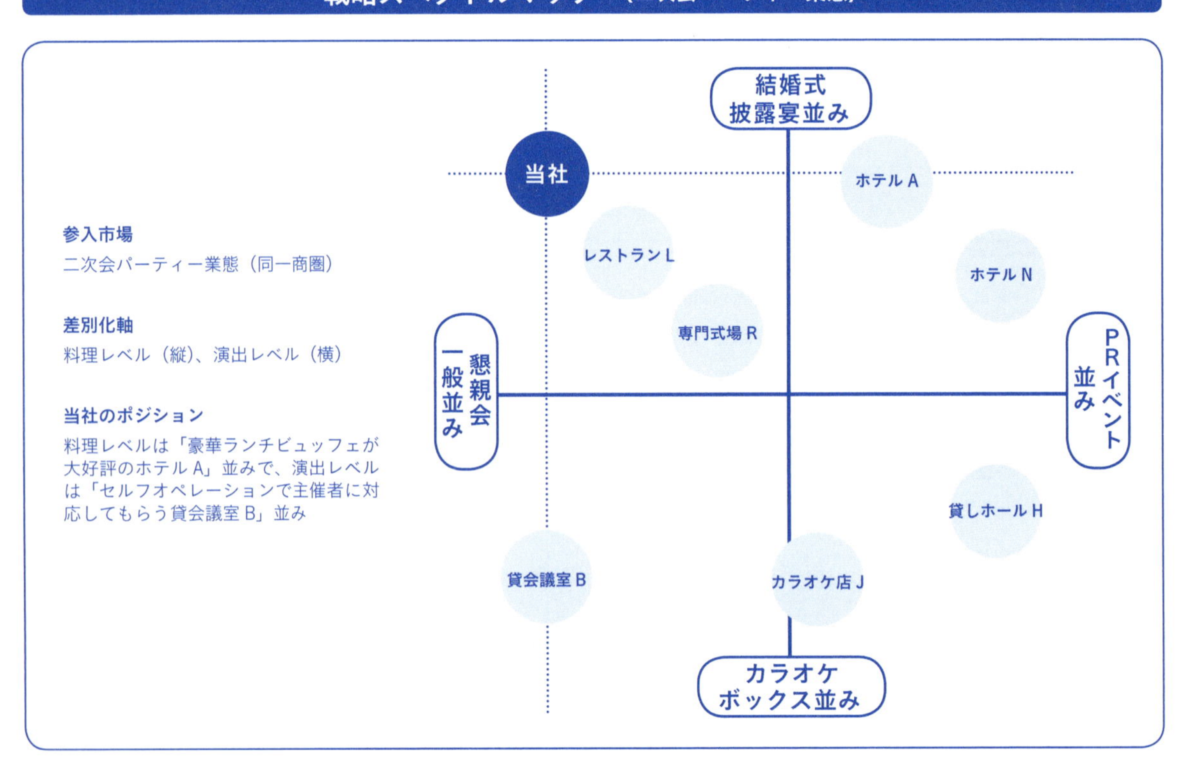

差別化が"正義"で同質化が"悪"なわけではない

企業で「新商品・新サービスをつくる」というと、かなりの確率で「戦略」「強み」「差別化」の大合唱に遭います。

ここでまったくオリジナルの商品・サービスをつくろうとすると、空をつかむようなコンセプトのものになります。これは形にできませんし、がんばって商品化にこぎつけても、自社の位置づけがあいまいだとフロントメンバーが自信を持って新商品のことを語れなくなります。

戦略スペクトルマップの良さは、マップ化してみることで、常に2軸の中で自社のレベル感を定義できることにあります。現存している競合他社のイメージを活かし、微妙なニュアンスの違いを出すことで、**どんなに市場が飽和状態であろうが、オンリーワンの位置づけを強調することができる**のです。

マーケティング系のノウハウにはよく、「○○系×○○系の2軸で"差別化"しよう」という教えが出てきます。設定の仕方自体は本書も一緒なのですが、重要なのは活用法です。

軸を2つ持っていても激戦区になっていることはありますし、かといって明後日の方向に飛び出してそこに万一需要が無かったら困ります。

「差別化が良くて同質化がだめ」という視点でいると、新しい市場を切り拓くことはできません。マーケットの中に発生しているニーズに対して、**「自社のリソースで解決提案できるものを見つけること」が大事**なのです。

さあ、これで新商品・新サービスは完成しました！

リサーチをプロジェクトの軸にしていると、準備プロセスの中で、セールス・マーケティングに役立つキラーデータをたくさん手に入れることができます。このデータを活かして、皆さんはスタートダッシュをキメてくださいね！

おわりに

リサーチの世界には、「聴かなかったことは知らなかったことになる」という大原則があります。用意した調査の中に万一、聞き忘れ・尋ね漏れがあると、同じ対象者に対して同じ条件下では二度と質問をすることができません。

調査会社で広告代理店のクライアントを受け持つことが多かった私は、TVCM・電車の車内広告など、限定された時空間における広告効果測定の案件が多く、この原則はいつも自分の中で気に留める心がけになりました。

ところが、その心がけはごく部分的なものにすぎなかった、と気づいたのは、本書執筆が決定した半年ちょっと前のことでした。

はじめはちょっとしたストレスからからだに不調が生じ、その違和感はやがて毎日毎分を苦しめるものとなり、ついには専門病院で大きな手術が必要になる、と診断されました。

手術は生死を問うようなものではないものの、同じ手術の闘病記はどれも過酷な内容。

時が進むも地獄、時が止まるも地獄。これが本当にわが身に起きていることなんだと知り、恐怖にとりつかれました。

恐怖に打ち克つために必要になったのは、「強く生きたい」と願う気持ちです。

自分には、聴きたいこと、見たいもの、行きたい場所が、まだまだたくさんある。大好きなリサーチをこれからも続けていきたい。それが強く生きていく希望につながりました。

加えて、今こうして自分の本分をまっとうできているのは、これまでに出逢ったかけがえのない仲間のおかげです。自分の行く道をいろんな人が支えてくれて、またこうして大好きなリサーチの本を書く日が来ています。

いつでも絶対に味方でいることを表明してくれた皆、ありがとう。

リサーチが得意なんだねって仕事を認めてくれる皆、ありがとう。

気になるテーマのおしゃべりに付き合ってくれる皆、ありがとう。

自分が伝えたいことを伝える場をつくってくれる皆、ありがとう。

そして、今この本を読んでくださっている皆さん、ありがとう。

皆さんの人生には、どんな困難がありますか？

嫌なこと、辛いこと、悔しいこと、悲しいこと、苦しいこと……。毎日が困難なことのくり返しかもしれません。

でも、もし、聴きたいこと、見たいもの、行きたい場所があれば、その夢を手放すことなく、大事に温めて、いつか解放してください。

この本は体裁こそ「リサーチの技法集」にすぎないかもしれません。でも、本書の内容を実践する過程で得られるキラーデータを通じて、あなたがやりたいこと、叶えたいことの選択肢は確実に広がっていきます。

たかだか12年ばかりのリサーチ経験をもとに、偉そうにリサーチの技法について書いてきましたが、実のところ私も書き終えてみて気づきました。

「質問で何を尋ねるべきか？」は「自分が何をしたいか？」による、ということを。

「自分は今、やりたいことができているか？」

そう自問自答するのも、リサーチの大事な技術です。

菅原大介

Daisuke Sugawara

【 マーケットをつくるリサーチ 】

本書をご覧いただきありがとうございました！

私は「マーケットをつくるリサーチ」をライフテーマに、
ビジネスサイドで役立つリサーチ技法を研究しています。
書籍を通じて、「リサーチってこんな風に使えるんだ！
こんな使い方があるんだ！」という気づきを共有できていたら嬉しいです。

もっとたくさんの調査技法や事例研究に触れてみたい！と思ったら、
ぜひ私の【note】をご覧ください。(https://note.mu/diisuket)
「アンケートのコツ」「ペルソナのつくり方」「雑誌の超活用法」などの
テーマで記事を書いています。

同様に皆さんも、この本を通じてリサーチについて持った感想があれば、
ぜひぜひSNSで発信してお聞かせください。
ハッシュタグ【#マーケットリサーチ大全】を付けて投稿していただければ、
できるだけ目を通して私もリアクションします！

■著者略歴
菅原　大介（すがわら・だいすけ）
リサーチャー。上智大学文学部新聞学科卒業。
マーケティングリサーチのリーディングカンパニー「マクロミル」で、外資系コンサル・大手広告代理店の調査を運用するリサーチディレクション業務を担当したのち、飲食店ポータルサイト最大手企業（サービス）、総合ECサイト売上ランキング上位企業（物販）など、ウェブサービスの事業会社にて12年間リサーチ業務に携わる。
マクロミルで培ったリサーチスキルを武器に、アンケート・インタビューから消費者インサイトを分析して、ペルソナ・カスタマージャーニーをデザインする動きを得意とする。飲食・美容・健康・家電・雑貨など、物販とサービスの代表的な業種を網羅し、消費者ユーザーの販売データ／行動データ／意識データを日々分析している。
ライフテーマは「マーケットをつくるリサーチ」。正確に・大量にデータを収集・観測するだけではなく、ビジネスの局面を打開できるリサーチの技法を研究している。自身でもサービス企画・サービス広報を担い、サイトのリブランディング・サービスエリア拡大・セレクトショップ開業などのプロジェクトを成功に導いている。
著書に『ウェブ担当者のためのサイトユーザー図鑑』（マイナビ出版）がある。

note:https://note.mu/diisuket
Twitter:@diisuket
instagram:@diisuket

本書の内容に関するお問い合わせ
明日香出版社　編集部
☎(03) 5395-7651

売れる（うれる）しくみをつくる　マーケットリサーチ大全（たいぜん）

2019年　10月　29日　　初版発行

著　者　菅（すが）原（わら）大（だい）介（すけ）
発行者　石　野　栄　一

〒112-0005 東京都文京区水道2-11-5
電話 (03) 5395-7650（代表）
(03) 5395-7654（FAX）
郵便振替 00150-6-183481
http://www.asuka-g.co.jp

明日香出版社

■スタッフ■　編集　小林勝／久松圭祐／古川創一／藤田知子／田中裕也
営業　渡辺久夫／浜田充弘／奥本達哉／横尾一樹／関山美保子／藤本さやか／南あずさ
財務　早川朋子

印刷・製本　株式会社フクイン
ISBN 978-4-7569-2054-6 C0034

編集担当　田中裕也

届く! 刺さる!! 売れる!!!
キャッチコピーの極意
弓削 徹
YUGE TORU
劇的に売れる1行がつくれる!
ウマく書くな。
ウリを書け。
チラシ、POP、ウェブ、SNS、ネーミング、名刺などに即効性あり

届く！ 刺さる!! 売れる!!!
キャッチコピーの極意
弓削 徹 著

本体 1,600円+税

2019年1月発行　ISBN 978-4-7569-2009-6

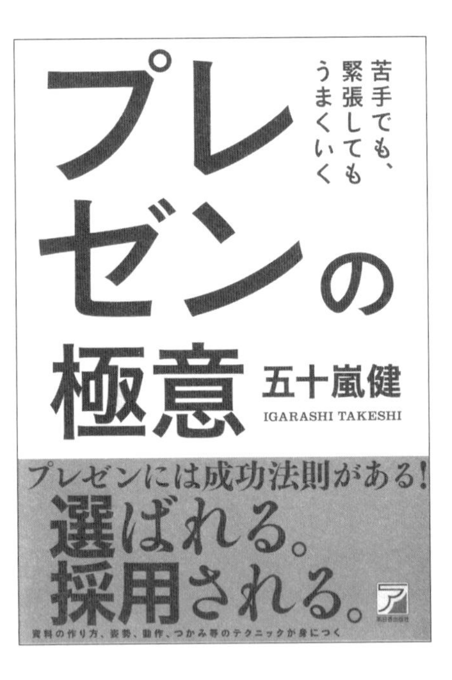

苦手でも、緊張してもうまくいく
プレゼンの極意
五十嵐 健 著

本体 1,500円+税

2019年8月発行　ISBN 978-4-7569-2042-3

リーダーの鬼100則

早川 勝 著

本体 1,500円+税

2019年5月発行　ISBN 978-4-7569-2029-4

営業の鬼100則

早川 勝 著

本体 1,500円+税

2018年9月発行　ISBN 978-4-7569-1989-2